DONALD
MILLER

Cómo hacer crecer tu negocio

Un plan de 6 pasos para que tu pequeña empresa tome vuelo

HarperCollins *Español*

Dedicado a los emprendedores en todas partes.

Título original: *How to Grow Your Small Business*

Publicado en inglés por HarperCollins Leadership, Estados Unidos, 2023

Copyright de la traducción de HarperCollins Español

PRIMERA EDICIÓN EN ESPAÑOL, 2024.

Traducción: Manuel Rodríguez

Diseño adaptado de la versión en inglés de Aubrey Khan, Neuwirth & Associates, Inc. Arte del interior graphics diseñado por Kyle Reid, Emily Pastina y Caleb Faires. Avión en la página 239 © tsani/Adobe Stock

Este libro ha sido debidamente catalogado en la Biblioteca del Congreso de los Estados Unidos.

ISBN 978-0-06-338977-9

24 25 26 27 28 HDC 10 9 8 7 6 5 4 3 2 1

El 25 % de las pequeñas empresas fracasa durante su primer año. El 45 % de las pequeñas empresas fracasa durante sus primeros cinco años y el 65 %, dentro de sus primeros 10 años. Solo en los Estados Unidos, existen 33 millones de pequeñas empresas. Estos negocios ofrecen empleo a decenas de millones de personas además de a sus propietarios. Los sueños de millones de personas sobreviven o mueren según el éxito de estas empresas. Desde mi punto de vista, las pequeñas empresas son demasiado importantes como para fracasar. Escribí este libro para que la tuya tampoco lo haga.

Contenido

1 | Liderazgo

2 | Marketing

3 | Ventas

Paso 3: El motor izquierdo

4 | Productos

Paso 4: Las alas

5 | Gastos generales y operaciones

Paso 5: El fuselaje

6 | Flujo de caja

Paso 6: Depósitos de combustible

7

Cómo implementar el Plan de Vuelo para Pequeñas Empresas

Nota del autor

Si necesitas un plan de crecimiento para pequeñas empresas que te ayude a desarrollar una operación confiable y rentable, mi esperanza es que sea este que ahora sostienes en tus manos. Estos son los esquemas y guías que han ayudado a miles de propietarios a construir empresas que funcionan. Si alguna vez has sentido que hacer crecer tu negocio es como lidiar con un caos, este libro es para ti.

Prefacio

Los emprendedores viven al límite. Si no sabes cómo hacer dinero, tu negocio muere. A diferencia de las grandes corporaciones, quienes tienen empresas pequeñas no cuentan con presupuestos enormes que les permitan cometer errores o incurrir en ineficiencias.

Aun así, la sensación de tener que luchar por conseguir cada centavo puede resultar agotadora. En ocasiones, los emprendedores envidian la seguridad relativa de las grandes compañías que funcionan como máquinas de imprimir dinero. ¿Pero en qué aspectos estas empresas superan realmente a las pequeñas? En sus sistemas y procesos.

Lo que un emprendedor necesita, entonces, es un sistema sencillo de guías y esquemas que optimicen el crecimiento de su negocio; una forma de generar previsión y seguridad en sus operaciones diarias.

El Plan de Vuelo para Pequeñas Empresas, que aparece al final de este libro, te ayudará a optimizar tu negocio para obtener ingresos y ganancias. El Plan de Vuelo es al mismo tiempo un manual de operaciones y un plan de crecimiento. Este libro te conducirá hacia la creación de tu propio Plan de Vuelo.

Cómo hacer crecer tu negocio fue escrito en retrospectiva. Estos son los seis esquemas y guías que me ayudaron a llevar mi negocio de cuatro a treinta empleados, al tiempo que cuadruplicamos nuestros ingresos en solo seis años. Y no solo nuestros ingresos aumentaron, sino también nuestras ganancias. La calidad de nuestros productos mejoró, ampliamos nuestra base de clientes y la moral del equipo se disparó. Resulta que tanto los miembros del equipo como los clientes valoran trabajar con una organización bien gestionada.

Este libro te resultará muy útil, no importa si eres el único empleado de tu negocio o lideras a más de cien personas. Aplícalo para crear un plan de crecimiento que funcione.

Y no olvides disfrutar el recorrido. Prosperar como emprendedor debería ser divertido, y lo será cuando utilices los esquemas y las guías que se explican en este libro. Disfruta el proceso.

Introducción

¿Cómo «profesionalizar»
nuestro negocio?

Años atrás, un amigo me dio el mejor consejo de negocios que he recibido en mi vida. Fue tan concisa su recomendación que durante los cinco años siguientes resonó en mi cabeza como una campana. Bill había llevado a la compañía de su padre a valorizarse en miles de millones de dólares y con ese dinero compró y vendió muchas otras compañías que también triunfaron. Bill sabía lo que se necesita para dirigir un negocio y sabía lo que se necesita para hacerlo crecer.

Estábamos de pie en el porche de mi casa luego de haber conversado alrededor de una hora. Habíamos hablado sobre mi negocio, dónde se encontraba y hacia dónde podría ir. No había límites para el futuro y aun así estaba seguro de que había algo que Bill no quería decirme. Desde que nos conocimos, no había hecho otra cosa que alentarme, pero esta vez era obvio que tenía una crítica constructiva. Le pregunté directamente en qué estaba pensando.

Permaneció en silencio un momento, meditando su respuesta.

—Don —dijo al fin agachando la cabeza y quitándose los lentes—. Necesitas profesionalizar tu operación. Ese es tu problema. Hasta que no profesionalices tu negocio, su potencial será limitado. La cantidad de dinero que ganes y tu capacidad de tener un impacto positivo en el mundo también serán limitados.

Nunca había escuchado la frase «profesionalizar tu operación», pero me pareció acertada. Mi negocio giraba demasiado en torno a mí y nadie sabía (incluyéndome) con exactitud qué debía hacer para que este creciera. Desde luego, teníamos una visión, pero no habíamos creado sistemas confiables y predecibles que nos permitieran ejecutarla.

Lo que Bill vio, y que ahora yo sabía, era que, aunque estábamos teniendo éxito como compañía, íbamos cuesta arriba en esa «curva en S» que acosa a la mayoría de las pequeñas empresas.

¿Se puede evitar la temida curva en S?

Todo negocio exitoso se ha enfrentado cara a cara con la curva en S. La curva en S sigue un patrón específico: el negocio comienza a crecer, lo cual es muy bueno, y luego se desencadena una espantosa serie de eventos que pueden ser de vida o muerte para una compañía.

Imagínate una empresa que avanza tranquilamente: esa es la primera parte de la curva en S. Entonces, tus productos comienzan a venderse. La demanda incluso se dispara. Es mágico. El negocio comienza a crecer. A los clientes les gusta el producto y empiezan a contárselo a sus amigos. Todo marcha genial, ¿verdad? Los problemas del emprendedor parecen haber quedado atrás.

Entonces, las cosas cambian de repente.

El emprendedor es expulsado de su lugar ideal, donde estaba cuando la compañía despegó. Pasa demasiado tiempo intentando apagar incendios y la empresa comienza a decaer porque el propietario está gestionando los problemas en lugar de seguir creando la magia que hizo crecer la compañía.

Ahí los problemas empeoran. El dueño contrata a demasiadas personas porque anticipa crecimiento. Ordena demasiadas piezas para crear demasiados productos. Extiende los acuerdos con los compradores para atraer más mercado. Asigna demasiado dinero para un marketing que no funciona. Comienza a ver personas en la oficina sin saber exactamente cuál es su función. Los clientes sienten las consecuencias en forma de demoras, mensajes frenéticos y un mal servicio. Las ventas empiezan a caer. El propietario rebaja temporalmente los precios para poder pagar las facturas y, como resultado, devalúa su producto. Los costos de operación aumentan mientras los ingresos decrecen. El propietario consigue una línea de crédito y empieza a echar mano de ella. Comienza a tener insomnio. Su familia sufre. Pronto, el negocio se ve obligado a cerrar y el emprendedor a conseguir un empleo para pagar la línea de crédito.

Todo esto a pesar de que tenía un producto que las personas deseaban. ¿Cómo es posible que algo tan trágico pueda ocurrir como resultado de la demanda?

Luego de aquella conversación con Bill, supe que me dirigía hacia la curva en S. Mi lugar ideal estaba en crear contenido y soñar con productos grandiosos, pero me había pasado todo el año anterior de reunión en reunión, tratando de apagar incendios.

No quería que me sucediese lo mismo que a tantas otras pequeñas empresas, y de alguna manera, la crítica de Bill había sido esperanzadora. Me llevó a descubrir que había algo que podía hacer para que el negocio creciera de forma correcta; que la curva en S podía evitarse si lograba profesionalizar mi operación.

Me tomé a pecho el mensaje de Bill y lo acepté como un reto. Y me alegra haberlo hecho. Al profesionalizar mi negocio, mi compañía fue capaz de sentar sus bases y yo pude volver a hacer lo que mejor hago: crear contenido. De hecho, si no hubiese profesionalizado mi operación, no habría sido capaz de escribir el libro que ahora lees.

En los siete años transcurridos desde aquella conversación, mi compañía incrementó sus ingresos de 3 a casi 20 millones de dólares. Durante ese tiempo, hemos mantenido un margen de ganancias significativo. Y lo mejor: si me tomo unas semanas de vacaciones, el negocio funciona tan bien como si yo estuviera allí.

¿Cómo puedes profesionalizar tu negocio para asegurar su éxito?

Luego de conversar con Bill, comencé a buscar formas de profesionalizar mi negocio, pero cuanto más lo hacía, más notaba que nadie había creado una guía para ello. Había un montón de libros sobre liderazgo, marketing y ventas, pero no existía un plan que me explicara paso a paso, de forma simple y fiable, cómo profesionalizar mi empresa.

Lo que sigue es justamente la guía que necesitaba entonces, después de mi conversación con Bill. Sí, la creamos mi equipo y yo, pero lo hicimos dando dos pasos hacia adelante y otro hacia atrás, una y otra vez. Incluí en este libro los pasos hacia adelante y guardé los pasos hacia atrás en la carpeta de «lecciones aprendidas». Resulta que organizar una sesión de yoga opcional para crear comunidad no es uno de los esquemas principales que necesitas para profesionalizar tu operación.

Quizás profesionalizar tu operación es algo que tú también

necesitas hacer. Puede que desarrollar una serie de sistemas y procesos que permitan a tu pequeña empresa funcionar como una máquina bien aceitada sea el paso hacia adelante que has estado buscando.

Para profesionalizar nuestra operación, abordamos seis áreas:

1. **Liderazgo:** planteamos una visión para nuestra empresa que incluía tres prioridades económicas (capítulo uno) y nos aseguramos de que cada rol en la compañía respaldara dichas prioridades.

2. **Marketing:** esclarecimos nuestro mensaje de marketing e invitamos a nuestros clientes a formar parte de una historia (capítulo 2) en la que sus problemas podrían resolverse al comprar nuestros productos.

3. **Ventas:** implementamos un esquema de ventas que convirtiera al cliente en el héroe y aprendimos a elaborar una propuesta de venta millonaria que consiguió cerrar más ventas e impulsó los ingresos (capítulo 3).

4. **Productos:** optimizamos nuestra oferta de productos (capítulo 4) y nos enfocamos en productos demandados y rentables.

5. **Costes y operaciones:** redujimos nuestros gastos generales al ejecutar un manual de gestión y productividad simplificadas que alineaba a todo el equipo mediante solo cinco reuniones periódicas (capítulo cinco). Nos aseguramos de que cada miembro del equipo tuviera objetivos claros y recibiera asesoría y estímulo.

6. **Flujo de caja:** usamos cinco cuentas corrientes para

administrar el dinero que ingresamos y protegimos el flujo de caja (capítulo seis) por sobre todas las cosas.

Estas seis iniciativas resolvieron la mayoría de los problemas que acosaban a mi pequeña empresa. Una vez resueltos, nuestro negocio comenzó a funcionar como una máquina predecible y confiable.

Como resultado de estos cambios, hoy en día paso la mayor parte de mi tiempo creando contenidos, en reuniones con clientes y también estoy presente para mi familia. Tengo alrededor de cinco reuniones semanales con varios miembros de mi equipo. En esos encuentros compartimos información necesaria y hacemos planes que hagan crecer el negocio.

Esta es una vida diferente a la que llevaba antes de implementar los seis esquemas y guías. Antes de profesionalizar mi operación, sentía que mi negocio era una máquina dentro de la cual me encontraba atrapado.

Por supuesto, la transformación no fue fácil. Gastamos cientos de miles de dólares en consultores externos e incontables horas probando soluciones que no funcionaron. Pero, al final, fueron estos seis pasos los que nos llevaron a la tranquilidad y al crecimiento.

Necesitas un plan práctico y realista que puedas implementar en seis meses

Independientemente de los productos o servicios que ofrezcas, venderás más si construyes una máquina que produzca, promocione, venda y distribuya esos productos adecuadamente. Este libro no solo está diseñado para transformar tu negocio, sino para transformarte a ti en una persona que sepa cómo construir un negocio que funciona. Y una vez que entiendas cómo construir un negocio, puedes replicar el proceso en tantos negocios como quieras.

No importa si tu negocio es de empresa a consumidor, de empresa a empresa, digital, financiero, industrial, centrado en los contenidos, orientado a los servicios o de cualquier otro tipo, cada paso que implementes a partir de esta guía marcará una diferencia positiva en tus resultados finales.

Si no sigues los seis pasos que organizarán y harán crecer tu negocio, continuarás luchando con las seis razones por las que fracasa la mayoría de las pequeñas empresas. Esas razones son:

1. La incapacidad de identificar y priorizar objetivos económicos.
2. La incapacidad de comercializar productos con un mensaje claro.
3. La incapacidad de vender de forma tal que el cliente sea el héroe.
4. La producción de productos que ni están en demanda ni son rentables.
5. Grandes gastos generales a causa de la improductividad y la gestión ineficiente.
6. Mala gestión del dinero y el flujo de caja.

Estos problemas no tienen por qué hundirte. Si implementas los seis pasos que expongo en este libro, ninguno de ellos lo hará.

Considera este libro como el manual para profesionalizar tu operación. Estos seis pasos pueden implementarse en el orden presentado en el libro, o en el que mejor se adapte a tus problemas más urgentes. Puedes implementar cada uno de estos pasos en seis meses, si así lo deseas, o decidir tardar un año o más. Con cada paso que ejecutes, verás resultados en el balance final. Descubrirás que solo el Paso 1 —reescribir tu Misión para incluir tres prioridades económicas— te ayudará a identificar el enfoque que necesitas para aumentar los ingresos y subir la moral. El Paso 2 generará aún más crecimiento, y así sucesivamente.

No necesitas implementar los seis esquemas para que tu negocio crezca, pero cuantos más implementes, más se fortalecerá tu negocio y te sentirás menos atrapado dentro de la máquina que creaste.

Dicho esto, echemos un vistazo a una metáfora visual que te ayudará a darles sentido a los seis pasos y también a entender cómo funciona en realidad una pequeña empresa.

Si construyes tu negocio como un avión, evitarás que se estrelle

Para saber cómo perfeccionar nuestra empresa, necesitamos un estándar con el cual compararla; esto nos permitirá ver qué partes funcionan bien y cuáles necesitan trabajo.

Probablemente conozcas a una persona (o a un par de personas) extraordinaria para los negocios. Quizás incluso te parece que tiene un don. Es cierto que algunos pueden parecer prodigios de los negocios por su capacidad para identificar qué falla en un negocio con tan solo formular unas pocas preguntas. La verdad es que, sin embargo, no lo son. Lo que tienen, en cambio, es un punto de referencia con el cual comparan al negocio en cuestión.

Ese modelo les permite realizar una evaluación rápida que descubre las debilidades.

Esta sección te descubrirá dicho estándar. Una vez que lo comprendas, podrás ver con claridad tu negocio (y los de los demás). Dedicaré el resto del libro a mostrarte cómo arreglar cada una de las seis partes cruciales de tu negocio para que funcione lo más cerca posible del estándar.

El avión es nuestro estándar

En la época en la que mi negocio ganaba menos de 250 000 dólares al año en ingresos, yo tenía una maqueta de avión en mi librero. Un día, observando la maqueta, me di cuenta de que la forma en que está diseñado un avión es similar a la forma en que debería diseñarse un negocio. Como el avión, un negocio tiene partes individuales, y esas partes se conectan con el todo para hacerlo volar.

Cuando se construye correctamente, un avión es una máquina segura, fiable y útil que cumplirá con éxito su misión de transportar personas y mercancías valiosas a un destino determinado. Sin embargo, cuando en su construcción no se siguen las especificaciones correctas, se convierte en una máquina peligrosa que puede producir resultados catastróficos.

La meta principal al diseñar un avión es hacerlo llegar a un destino específico sin que se estrelle. Para mantenerse en el aire, tiene que moverse hacia adelante, rápido, por lo que debe tener una fuente de propulsión. Para elevarse, necesita alas fuertes y livianas. Para poder transportar personas y carga, debe tener un fuselaje lo más ligero posible, que no añada demasiado peso.

Finalmente, el avión debe tener suficiente combustible para llegar a su destino sin que se le acabe y se estrelle.

Un buen avión comercial tiene muchas partes, pero seis de ellas resultan absolutamente cruciales para volar con seguridad.

Las seis partes de tu negocio

Mientras estaba en mi oficina ese día, agarré el avión y le di vueltas en mis manos. Se me ocurrió que existen seis partes cruciales en un avión, así como existen seis partes cruciales en un negocio.

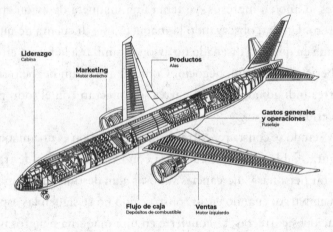

1. La cabina del avión representa el liderazgo. En esencia, es la directiva quien está a cargo de llevar el avión a su destino. El piloto o los pilotos deben saber hacia dónde se dirige el avión y hacerlo llegar a salvo haciendo ingeniería inversa.

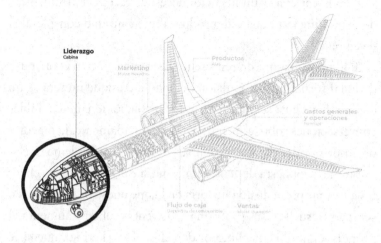

Para hacer crecer un negocio necesitarás saber cómo juntar un equipo alrededor de un objetivo económico claro.

2. El motor derecho representa el esfuerzo de marketing, que contribuye directamente a la propulsión del avión. Cuando el motor de marketing funciona con eficiencia, el negocio vende más de su producto y avanza. A su vez, este movimiento contribuye a la elevación.

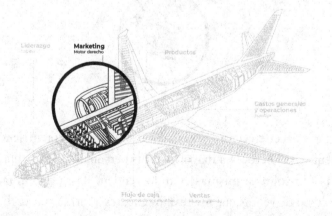

Para hacer crecer un negocio, necesitas esclarecer tu mensaje de marketing para que este produzca una cantidad considerable de empuje.

3. El motor izquierdo representa las ventas, lo cual contribuye de igual forma a la propulsión del avión. Aunque no tengas un equipo de ventas, seguramente estás involucrado en incontables conversaciones sobre el asunto. Desafortunadamente, la mayoría de nosotros odia vender. Sin embargo, cuando aprendemos a elaborar una propuesta de ventas millonaria e invitamos a los clientes a formar parte de una historia en la que nuestros productos o servicios resuelven sus problemas, las ventas suben y aumenta la propulsión, junto con el motor derecho (el marketing), que hace avanzar al avión.

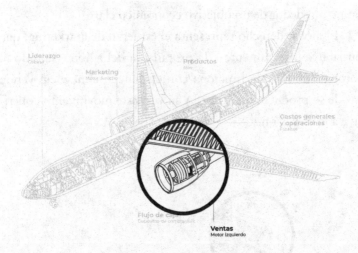

Para hacer crecer un negocio necesitas vender convirtiendo al cliente en el héroe. La mayoría de las personas suelen hablar demasiado sobre sí mismas cuando venden. Basta. Dominar un discurso de ventas que invite a los clientes a formar parte de una historia incrementará aún más la propulsión del avión.

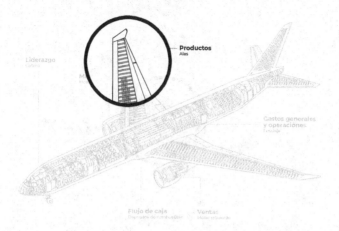

4. Las alas del avión representan los productos o servicios que vendes. Si los productos o servicios que vendes son demandados y rentables, le darán un impulso al negocio y soportarán el peso del avión. Los esfuerzos de ventas y marketing proveen la propulsión, pero las alas (productos demandados y rentables) hacen que el avión vuele.

Para hacer crecer un negocio necesitas saber cómo optimizar la oferta de tu producto para que el avión alcance el máximo de elevación.

5. El fuselaje del avión representa los gastos generales y las operaciones. Si los costes se te van de las manos, la barriga del avión crecerá demasiado y el avión se estrellará. Tu gasto más alto siempre será tu nómina. Sin importar si te pagas solo a ti o a un equipo pequeño, la nómina arruinará un negocio a menos que tu equipo y tú estén siguiendo una guía de gestión y productividad.

Para hacer crecer un negocio tienes que seguir una guía de gestión y productividad que garantice que cada miembro del equipo contribuya a las prioridades económicas generales del propio negocio.

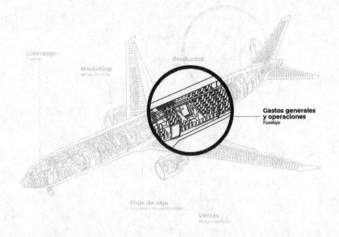

6. Los depósitos de combustible representan el flujo de caja. A través del combustible, la energía se transfiere a todas las partes móviles del avión. Sin importar cuán bien diseñado esté, sin combustible el avión se estrella. Lo mismo puede decirse del flujo de caja de una pequeña empresa. El efectivo debe gestionarse de forma tal que haya dinero suficiente para operar, además de bastante dinero extra en caso de que el avión deba sobrevolar varias veces el aeropuerto preparándose para un aterrizaje de emergencia.

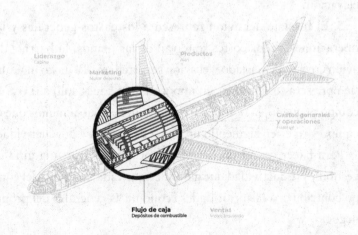

Para hacer crecer un negocio necesitas un método de gestión del dinero que sea simple y fácil de usar.

El avión crea un filtro de toma de decisiones que te da tranquilidad

La simple metáfora del avión creó un poderoso filtro de toma de decisiones que me permitió hacer crecer mi negocio de forma intuitiva. Por ejemplo, cada vez que contratábamos a un nuevo miembro del equipo me preguntaba cómo compensaríamos su salario. ¿Esta inversión haría más grandes nuestras alas (ayudando a crear un nuevo producto o fuente de ingresos) o incrementaría la propulsión (aumentando las ventas) o agrandaría el fuselaje del avión (aumentando los costes y haciéndolo más pesado y susceptible a estrellarse)?

Tener presente esta metáfora me ha permitido tomar decisiones más inteligentes, que resultan ser la clave para hacer crecer un negocio. Hacer crecer una pequeña empresa consiste en tomar una decisión inteligente tras otra y saber cómo recuperarse cuando las cosas no marchan como esperábamos. Al usar el avión como estándar, fui capaz de evaluar de dónde venían mis problemas y en cuál de las seis partes principales necesitaba trabajar para seguir volando.

En los años transcurridos desde que me di cuenta de que hacer crecer un negocio se parecía mucho a construir un avión, he enseñado esta metáfora a otros miles de propietarios de pequeñas empresas. Los resultados han sido impresionantes. De hecho, desde que implementaron los esquemas, muchos emprendedores como tú han doblado sus ingresos. Todo lo que necesitas si quieres hacer crecer tu negocio es trabajar en las seis partes del avión y conectarlas para que vuele lejos y rápido.

Los pasos incluidos en este libro ayudarán a que tu negocio despegue hasta tener cincuenta empleados o más, o incluso varios millones en ingresos. Una vez que tu negocio haya despegado, es posible que necesites más esquemas y guías para abordar más departamentos. Por ejemplo, los recursos humanos entran en juego cuando sumas nuevos miembros a tu equipo. No obstante, si apenas estás empezando o intentas hacer que tu negocio crezca hasta alcanzar cifras de cientos de miles o millones, estas son las áreas que debes abordar primero.

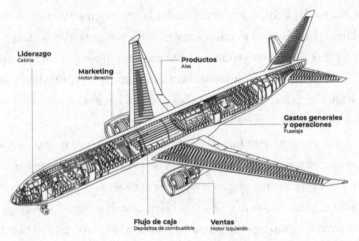

Obedece las reglas de la proporción mientras creces y tu negocio no se estrellará

Para que tu empresa crezca con seguridad, querrás que sus partes lo hagan proporcionales entre sí.

Cuando tu negocio es muy pequeño, eres solo tú en la cabina del avión con un solo motor al frente. Vas zumbando entre las nubes y la vida es bella. Ese motor es probablemente una estrategia de marketing, quizás un embudo de ventas simple, unos anuncios en Facebook o, si tienes suerte, el boca a boca. Tus alas probablemente son pequeñas, pero bastan para elevarte del suelo. Tienes un producto que vendes en el mercado agrícola, en Etsy o quizás es una sencilla tienda al por menor. Quizás te dedicas a la consultoría, ofreces servicios financieros, vendes inmuebles o un producto de marketing directo. Sea como sea, tienes un producto o servicio que la gente está comprando y tu motor de marketing de una sola hélice es suficiente para mover unas cuantas unidades y poner algo de dinero en tu bolsillo. Tus depósitos de combustible son pequeños, pero como el avión también lo es, tienes combustible suficiente para sobrevolar el aeropuerto varias veces en caso de emergencia.

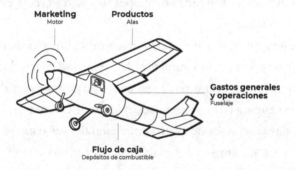

Marketing
Motor

Productos
Alas

**Gastos generales
y operaciones**
Fuselaje

Flujo de caja
Depósitos de combustible

A medida que tu negocio crece, es probable que necesites ayuda. Tu primera contratación quizás sea alguien para liberarte un poco de tiempo, así que contratas un asistente personal. Esa contratación aumenta los costes significativamente (hace que el fuselaje del avión sea más pesado y convierte a tu avión de una sola hélice en uno de dos motores) y no contribuye directamente al tamaño de las alas ni aumenta la propulsión de los motores. Es bueno preocuparse un poco porque el coste de la contratación puede poner en riesgo la seguridad del avión. Sin embargo, cuando consideras la cantidad de tiempo que contar con un asistente te permitiría dedicarle a hacer crecer las alas o la propulsión del motor (quizás como vendedor principal), puedes sin duda justificar la contratación. El avión creció un poco más, pero no importa porque las alas y el (los) motor(es) también lo hicieron.

**Asistente
personal**

Felicitaciones. Acabas de empezar a hacer crecer tu negocio. Sigamos adelante.

Ahora que tus costes son un poco más altos y el motor zumba con más fuerza, vas a aumentar la capacidad de tus depósitos de combustible. Querrás tener seis meses de gastos generales a salvo en una cuenta para imprevistos en caso de emergencia. Luego de guardar seis meses de gastos operacionales, el avión se siente estable, así que empiezas a planificar tu próxima movida.

A continuación, quizás notes que sería mejor que el dinero que gastas en publicitar tu negocio se quede «en casa», así que contratas a alguien que se encargue del marketing a tiempo completo. No es un puesto barato, pero puedes justificarlo porque el nuevo miembro del equipo añade un segundo motor. Ahora son tres dentro del avión: tu asistente personal, el director o directora de marketing y tú. El avión es un poco más grande, pero vuela bien.

Al cabo de un año o poco más, te das cuenta de que hay todo tipo de cuentas especiales interesadas en tus productos. Si

tuvieras un vendedor, podrías llegar a esas cuentas, así que contratas a un representante de ventas para crear aún más propulsión. Le pagas un salario básico y una buena comisión, para que
su puesto no dispare los gastos generales. Después de todo, las
comisiones son proporcionales al éxito, lo que significa que el
fuselaje del avión (los gastos generales) solo crece cuando aumenta la propulsión real del avión.

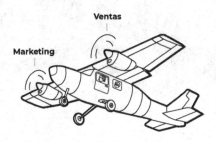

A partir de este momento, alternas entre la contratación de
creadores de productos y miembros del equipo de producción
con empleados que apoyen en las áreas de administración, marketing y ventas. Al contratar de manera proporcional y mantener
a raya los gastos generales, tu negocio crece con un riesgo
limitado.

Y no solo eso, sino que, a partir de ahí, el negocio sigue creciendo. Cuando das los seis pasos, los propios pasos te llevan hacia el crecimiento, al tiempo que te ayudan a gestionarlo.

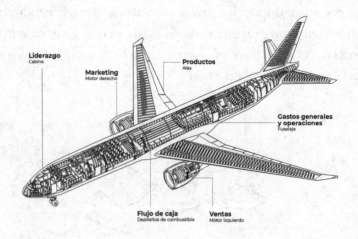

Desafortunadamente, la mayoría de los emprendedores falla al gestionar los movimientos que he descrito. A veces, el propietario contrata antes de que los motores derecho e izquierdo estén preparados para soportar el peso añadido. Otras veces, espera demasiado para contratar, lo que resulta en clientes descontentos y un potencial perdido.

La razón por la cual la mayoría de las pequeñas empresas fracasa no es porque nadie quiera los productos que venden, sino porque no tenían un plan sencillo que hiciera del crecimiento de su negocio algo intuitivo. Cuando no tenemos en mente la metáfora visual del avión, seguimos construyendo un avión, solo que lo hacemos mal. Si construimos un avión de forma equivocada, no volará. O, peor aún, volará un rato y luego se estrellará.

Si tú o alguien que conoces ha dirigido alguna vez un negocio que fracasó, puedes usar la analogía del avión para hacer un rápido análisis *post mortem*. Recuerda que los negocios suelen fracasar por una de estas seis razones. O bien el equipo no logró unificarse en torno a los objetivos económicos, el mensaje de marketing no era claro, las conversaciones de ventas no optimizaron los resultados de ventas, los productos no eran rentables o no tenían demanda, los gastos generales estaban inflados o el negocio se quedó sin dinero.

Puedes evitar fácilmente estas seis fallas mortales de las empresas pequeñas. Basta dominar los seis pasos que construyen tu negocio como un avión y tu negocio volará.

Cuidado con parecer exitoso sin ser exitoso

Lamentablemente, muchos negocios, en especial las *start-ups* financiadas por fuentes externas, como el capital de riesgo o el capital privado, pueden con facilidad parecer exitosas sin ser exitosas. Cuidado. El líder de una *start-up* totalmente financiada aún debe obedecer las reglas del avión; de lo contrario, perderá todo el dinero de sus inversores.

Demasiados líderes de *start-ups*, al ver millones de dólares en sus cuentas bancarias, empiezan a gastar de forma insensata. Suelen empezar pagando a una empresa para que cree una identidad de marca. Como muchas empresas de *branding* están más interesadas en hacer que te veas bien que en hacer que ganes dinero, el líder de la *start-up* termina con una marca bonita que confunde a los clientes en lugar de atraerlos. Aumentan la inversión poniendo su bonito logotipo en un montón de objetos innecesarios que, de nuevo, los hace ver bien pero no vende productos. No solo esto: los líderes se entusiasman tanto con su increíble financiamiento que alquilan oficinas en una zona cara de la ciudad. Cuelgan su logotipo en la pared e invitan a sus amigos a un *happy-hour* donde sirven cocteles, juegan al ping-pong y todos se divierten como no lo hacían desde la universidad.

Este tipo de decisiones se traducen en un avión con un fuselaje enorme, alas diminutas, motores débiles y una cabina que se parece más a un camarote de primera clase rebosante de alcohol que a una pequeña habitación donde pilotos serios puedan estudiar los números y dirigir el avión.

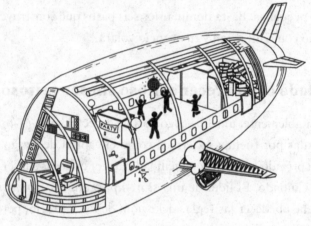

Si pusiste en marcha una pequeña empresa y no tienes el lujo de contar con un fuerte respaldo económico, puede que en realidad estés en una situación de ventaja. ¿Por qué? Porque conoces mejor las leyes de la física que determinan el éxito o el fracaso de tu empresa. El capital de riesgo y el capital privado son herramientas asombrosas, pero si el liderazgo no es cuidadoso, pueden provocarle una grave desorientación a la hora de pilotar el avión.

Para construir tu negocio, crea un plan de vuelo para pequeñas empresas

Si diseñas un avión sin tener en cuenta las leyes de la física, las personas resultarán heridas.

Para diseñar y construir un avión correctamente, las empresas que fabrican grandes aeronaves comerciales y gubernamentales utilizan cuidadosas listas de comprobación. Más tarde, cuando los pilotos vuelan el avión, siguen utilizando listas de comprobación, al igual que el personal de mantenimiento en tierra. Por esta razón, los aviones son uno de los medios de transporte más seguros.

Lo que a las pequeña empresas les ha faltado desde el comienzo son listas de comprobación, esquemas y guías confiables para hacer crecer un negocio.

Muchos empresarios no profesionalizan sus operaciones porque les resulta engorroso y agotador. Algunos dueños de pequeños emprendimientos me han dicho que la implementación de un manual de negocios general implica más trabajo que servir a sus clientes. Esto les resulta frustrante porque, al tomar este camino, su idea no era construir un negocio, sino fabricar o representar un producto que les gusta y vendérselo a clientes que les importan. El negocio, en efecto, parece ser lo que se interpone en el camino.

Ese no debería ser el caso.

Los seis pasos que te ayudarán a construir tu negocio como si fuese un avión son fáciles de entender y sencillos de poner en práctica.

Utiliza este libro como un manual de comprobación de vuelo y asegúrate de que tu negocio esté diseñado de la mejor manera posible para satisfacer al cliente y obtener los máximos ingresos y ganancias.

Cada uno de los pasos de este libro funciona como un minilibro en sí mismo. Pon en práctica los pasos que necesites al ritmo que consideres necesario. Puedes volver una y otra vez a *Cómo hacer crecer tu negocio*, incluso durante meses o años. Considera también entregarle este libro a tu equipo directivo, revisar juntos el Plan de Vuelo para Pequeñas Empresas y transformar tu negocio de forma colectiva.

La cuestión es la siguiente: si pasas demasiado tiempo apagando incendios y no el suficiente vendiendo productos e interactuando con los clientes, es probable que necesites profesionalizar tu operación.

Para sacar el máximo partido a este libro:

1. Revisa el Plan de Vuelo al final del libro. Tu Plan de Vuelo incluye todas las plantillas que necesitas para poner en práctica los seis pasos.
2. Lee cada paso y tómatelos con calma. Cada uno de ellos te ayudará a organizar tu negocio y generar crecimiento.
3. Sigue utilizando los seis pasos asociados con el Plan de Vuelo para operar tu negocio de forma segura y rentable.

Si sabes lo que estás haciendo, despegar hacia las nubes puede ser muy emocionante. Demos el primer paso.

1

Liderazgo

PASO 1:
La cabina

Conviértete en una empresa
con una misión

El Paso 1 te ayudará a resolver estos problemas:

- A menudo te sientes como si estuvieras improvisando.
- No tienes una visión convincente.
- Como líder, vas estableciendo prioridades sobre la marcha.
- Tu equipo no recuerda la declaración de tu misión.
- Solo estás «adivinando» el tipo de personas que contratas.
- Todo el mundo está ocupado, pero el negocio no crece.
- Tu equipo no entiende realmente por qué tu misión importa.
- Te esfuerzas por cada centavo que ganas, pero no tienes dirección o un plan a largo plazo.

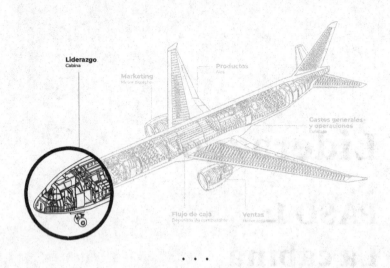

· · ·

L a tarea principal del líder y del equipo directivo consiste en definir con claridad un destino y, a continuación, diseñar un plan inverso para llegar a él. La segunda tarea de un líder o de un equipo directivo es recordarles constantemente a los miembros del equipo ese destino y hacer rectificaciones permanentes para garantizar una llegada satisfactoria.

Cuando de pilotar un avión se trata, el éxito depende en gran medida del plan de vuelo. Sin un destino claramente definido, el piloto y la tripulación no pueden ejecutar las tareas necesarias para lograr su objetivo.

En los vuelos comerciales, los pilotos saben exactamente dónde debe estar el avión en cada minuto del trayecto. Aunque en el aire las coordenadas predeterminadas pueden cambiar un poco, es la trayectoria de vuelo específica la que proporciona un filtro para la toma de decisiones durante el vuelo.

Lo mismo debería ocurrir cuando se trata de dirigir una empresa pequeña.

La mayoría de las empresas emergentes tienen objetivos, pero esos no se explican con la claridad suficiente para que cada miembro del equipo pueda comprender la misión y el papel que desempeña en ella. El problema está en que la misión es demasiado vaga y el resto de sus Principios Rectores se olvidan con facilidad. Si nuestro objetivo es «Ganar credibilidad satisfaciendo a los clientes», estamos invitando a los miembros del equipo a participar en una historia elusiva, que no pueden traducir en acción. Sin embargo, si nuestro objetivo es: «Triplicar el número de clientes de coaching en los próximos 24 meses», y sus Acciones Cruciales consisten en preguntarle a cada cliente si conoce el programa de coaching, el equipo entiende mejor lo que debe hacer. ¿Por qué? Porque la misión se ha concretado y sus Acciones Cruciales están definidas.

Dentro de un momento te explicaré cómo los tres componentes de tus Principios Rectores inspirarán la acción. Lamentablemente, la mayoría de las empresas pequeñas suele tener una misión difícil de alcanzar. Muchos empleados (y propietarios, de hecho) de este tipo de pequeñas empresas no están seguros de lo que deben hacer, o la propia empresa no sabe adónde quiere llegar.

Ya sea que hayas emprendido en solitario o que dirijas una empresa pequeña, el esquema de Declaración de Misión y Principios Rectores que compartiré contigo en el Paso 1 esclarecerá los objetivos de tu compañía para que puedas convertirte en una empresa con una misión.

Al completar el Paso 1, «Convertirse en una empresa con una misión», estarás creando un paquete de principios rectores que abarca tres elementos:

1. Una Declaración de Misión que incluya tres prioridades económicas.
2. Las Cualidades Clave necesarias para cada miembro del equipo.
3. Acciones Cruciales que puedes emprender a diario, que unificarán a tu equipo y definirán tu cultura.

Al terminar el Paso 1, tu Declaración de Misión y tus Principios Rectores ocuparán apenas una hoja que podrás revisar en las reuniones importantes. Ahí encontrarás tu Plan de Vuelo para Pequeñas Empresas, también accesible en versión digital en SmallBusinessFlightPlan.com. Una vez que sepas adónde quieres llegar con tu empresa, la planificación de su éxito se volverá una labor cada vez más intuitiva.

Si estás trabajando solo, tómate varios días para completar el primer paso, pues cada párrafo de tus Principios Rectores requerirá que reflexiones sobre ellos. Debes dedicarles tiempo. Si, en cambio, trabajas en equipo, la tarea podría ocuparles entre ocho y diez horas en total. O bien le dedican un día entero al proceso o bien lo dividen en varias reuniones de dos horas. De hecho, hay muchos equipos que programan un retiro colectivo o un evento fuera de su centro laboral para completar la redacción de sus Principios Rectores.

Este capítulo recoge las tres partes de tu paquete de Principios Rectores que necesitarías para lanzar una Empresa con una Misión y te explicará paso a paso cómo confeccionarlo.

Así se ve la Hoja de Trabajo de la Declaración de Misión y los Principios Rectores que utilizarás para ejecutar el Paso 1:

Hoja de Trabajo de Principios Rectores de la Empresa con una Misión

DECLARACIÓN DE MISIÓN

CUALIDADES CLAVE

① ② ③

ACCIONES CRUCIALES

① ② ③

Business
Made
Simple

Accede a una versión digital rellenable en SmallBusinessFlightPlan.com

Utiliza el resto de este capítulo para comprender las tres partes de la Hoja de Trabajo de Principios Rectores de la Empresa con una Misión. Una vez que hayas rellenado esta hoja de trabajo en tu Plan de Vuelo para Pequeñas Empresas al final de este libro, tu negocio estará alineado en torno a tres prioridades económicas, sabrás qué tipo de personas deberían acompañarte en el avión y establecerás tres Acciones Cruciales que garantizarán aún más tu éxito.

Empresa con una Misión, Primera parte: tu Declaración de Misión

Hay tres razones por las que la mayoría de las misiones fracasan:

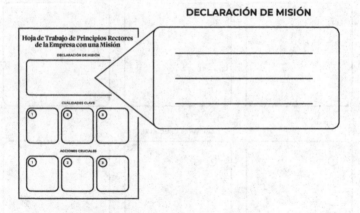

1. No incluyen objetivos económicos específicos.
2. No incluyen un plazo.
3. No responden a la pregunta: «¿Por qué?».

Cuando incluyes estos tres elementos en tu Declaración de Misión, invitas de forma eficaz a tu equipo y a ti mismo a hacer parte de una historia importante.

¿Por qué invitarlos a ti y a tu equipo a participar en una historia? Todo ser humano desea desempeñar un papel importante en una historia importante. Cuando utilizas nuestra fórmula para una Declaración de Misión eficaz, les brindas a tus colaboradores algo más que una misión: les das un papel en una historia más grande que sí mismos. Esto, a su vez, va a mejorar la moral, la productividad, la contratación y la retención. Todo el mundo quiere trabajar para una empresa que tiene una misión.

Afrontémoslo, la mayoría de las Declaraciones de Misión son poco memorables y se olvidan

La mayoría de las empresas crea misiones que son de todo menos útiles.

Un número incalculable de misiones corporativas dicen algo así: Existimos para aumentar el valor de las partes interesadas sirviendo a los clientes con integridad y excelencia por lo que bla, bla, bla, etcétera.

A una Declaración de Misión como esta le falta un elemento fundamental: una misión.

Tu compañía vivirá o morirá en función de la claridad con que articules una misión atractiva.

Si les estuvieras asignando una misión a unos soldados, ¿no sentirías la necesidad de ser claro? Decir: «En algún punto, vamos a servir al bien común al deshacernos de insurgentes peligrosos para que todos puedan ser libres» no es lo bastante claro como para inspirar las acciones específicas necesarias para alcanzar un objetivo. En cambio, decir: «Nuestra misión es despejar y asegurar el complejo del dictador desde los cuatro costados y desde el aire para salvar a los rehenes y tomar el control de la zona» es lo suficientemente específico como para inspirar al equipo adecuado a crear el plan correcto y ejecutar una serie de acciones que logren el objetivo enunciado.

Del mismo modo, a la directora de una sinfónica no le servirá de nada pedirle a su orquesta que «toque con excelencia». A menos que dirija a sus músicos para que, en concreto, interpreten *Los planetas* de Holst con excelencia, la actuación no tendrá sentido.

Una Declaración de Misión que es concreta inspira la acción; una Declaración de Misión que es vaga provoca confusión.

¿Y si una misión confusa está frenando a tu equipo? Una vez al año te subes a un podio, levantas los brazos y dices algo vago, como: «¡Busquen la excelencia!». Entonces, todos y cada uno de los miembros de tu equipo empiezan a interpretar, con excelencia, diferentes sinfonías.

Para inspirar a tu equipo, abre un bucle narrativo

Si queremos que nuestros equipos se unan en torno a una misión, tenemos que abrir en sus mentes un bucle narrativo que solo pueda cerrarse si cumplimos esa misión. Otro problema de las misiones vagas es que no consiguen abrir un bucle narrativo. Cuando cuentas una historia, los oyentes prestan atención porque necesitan saber si, por fin, el héroe desactivará la bomba o el hombre se casará con la mujer. Mientras el conflicto se resuelve, sienten (y disfrutan) una ligera incomodidad que los incentiva a prestar atención hasta que se reestablezca su sensación de paz. Esa incomodidad es una forma leve de disonancia cognitiva.

Una narración funciona entonces como un rompecabezas. La mente ve el desorden y quiere poner las cosas en el lugar correcto, y cuando lo hace, experimentamos una sensación de alivio.

El deseo de cerrar el bucle narrativo se denomina «tracción narrativa». La tracción narrativa es el punto en que nos interesamos por una historia. Cuando nuestra Declaración de Misión crea tracción narrativa, la sincronización y la productividad del equipo aumentan, pues todos trabajan para cerrar el bucle en la historia; he ahí su importancia para nuestras empresas.

Cuando un general les dice a sus tropas que van a asegurar el complejo del dictador por los cuatro costados y desde el aire, la imaginación de los soldados se pone a trabajar, diseñando un plan a la inversa que les permita asegurar el complejo y cerrar en sus mentes el bucle en la historia, liberándolos de la disonancia cognitiva. Sin embargo, cuando somos imprecisos, el «plan» nunca se lleva a cabo porque nuestro equipo no puede imaginar cómo podría terminar la historia que estamos sugiriendo. Por eso, declaraciones como «Existimos para servir a los clientes con atención y excelencia» no consiguen inspirar la acción. Una declaración así equivale a darles a los soldados la misión de «Ser buenos y luchar por el bien». ¿Ser buenos cómo? ¿Luchar contra quién? ¿Con qué fin?

Sé específico

Si escribieras un guion cinematográfico donde el protagonista persigue algo impreciso, como «la excelencia en todas sus acciones», el público probablemente no entendería la historia ni se abrirá un bucle en la trama. Sin embargo, si el héroe de tu historia quiere «batir el récord mundial de los 100 metros lisos», se abrirá un bucle en la mente del público y la historia conseguirá tracción narrativa. ¿Romperá nuestro héroe el récord? Sigamos atentos hasta que lo averigüemos.

¿Qué cambiaría si la Declaración de Misión propusiera una

trama lo suficientemente comprensible como para impulsarlos a
ti y a tu equipo a la acción?

Eso es exactamente lo que harás cuando ejecutes el Paso 1:
Conviértete en una Empresa con una Misión.

Para crear una Declaración de Misión que impulse la tracción
narrativa, necesitamos **tres objetivos económicos, un plazo y una
razón clara por la que la misión es importante.**

La fórmula para la Empresa con una Misión incluye las coordenadas de un destino puntual, una fecha límite y un «por qué».

Los tres componentes de una Declaración de Misión extraordinariamente eficaz

Para construir una Declaración de Misión que realmente funcione, lo primero que necesitamos es identificar las métricas de ventas clave que garantizarán el éxito de tu negocio.

*Tu Declaración de Misión debería incluir tres objetivos eco-
nómicos.* Si todo el mundo puede entender exactamente hacia
dónde se dirige la empresa, y ese destino puede medirse en función de una métrica cuantificable, has expresado la misión con
claridad. Cuando digo «en función de una métrica cuantificable», me refiero a que los objetivos se comprenden mejor si se
expresan numéricamente.

Si tras leer tu Declaración de Misión la gente se siente confun-
dida o, peor aún, si a los miembros de tu equipo les surgen preguntas de todo tipo (que en realidad no van a formular por miedo
a parecer tontos), entonces tu Declaración de Misión no es clara
y no va a invitar a tu equipo a avanzar.

Al establecer objetivos numéricos, como «duplicaremos nuestra tasa de retención de clientes» o «aumentaremos nuestros ingresos en un 35 % e incrementaremos nuestro margen de ganancia en un 12 %» o, mejor, «venderemos X número de productos Y», definimos una métrica que nos permitirá saber si cumplimos o no nuestra misión. Este tipo de especificidad medible es necesaria para abrir un bucle narrativo cuyo cierre requiera de la acción de la gente.

Más adelante profundizaré en cuáles deben ser tus tres prioridades económicas; por ahora, veamos el segundo elemento que se necesita para crear tracción narrativa.

En segundo lugar, debes incluir un plazo. Cuando le asignas a alguien un encargo importante, debes darle también un plazo. Nunca convendrías con un contratista para construir una casa sin acordar un presupuesto y un plazo, ¿verdad? El encargo es muy importante. ¿Acaso la misión de tu empresa no es un encargo importante? Por supuesto que lo es.

Quizá una de las razones por las que la mayoría de las misiones no incluye un plazo es porque los líderes creen que una Declaración de Misión debe durar para siempre. Esa es una de las peores ideas a la hora de crear una Declaración de Misión. ¿Te imaginas a un equipo deportivo definir la misión de ganar el campeonato en algún momento en los, digamos, próximos mil años? Se trata de una misión sin valor porque no tiene un plazo real que genere un sentido de urgencia.

Puedes editar tu Declaración de Misión cada pocos años (y deberías hacerlo) porque las misiones están destinadas a terminar. Ninguna misión que tenga un final abierto va a inspirar la acción.

Otra de las razones por las que la gente no incluye una fecha límite en su misión es porque no quiere enfrentarse a la incomodidad de tener que lograrla (o no lograrla). Cuanto más escurridiza sea tu Declaración de Misión, más difícil será saber si no la lograste.

Una Declaración de Misión de este tipo, por supuesto, frustra el propósito. Una buena Declaración de Misión establece objetivos y plazos realistas en lugar de objetivos elusivos y plazos abiertos detrás de los cuales te puedas esconder.

El tercer elemento que debe incluir tu Declaración de Misión es una «razón» por la que esta es importante. Tu misión necesita un «¿por qué?» o un «porque…» que los invite a ti y a tu equipo a poner en ella todo su corazón.

La gente no se motiva solo por el dinero; tampoco por ganar o tener éxito. De hecho, aunque son fáciles de medir, los objetivos numéricos y financieros suelen incomodar a las personas. Por eso, debes asegurarte de que la historia de la consecución de tu misión vaya más allá de los factores económicos que le permiten a tu equipo medir su progreso.

Los seres humanos somos criaturas complejas. Queremos hacer un trabajo importante. Queremos saber que nuestras vidas marcan la diferencia. Aunque es cierto que podríamos ganar más dinero actuando de manera egoísta, casi todos los que leen este libro quieren construir un negocio que sirva a los clientes y están dispuestos a hacer sacrificios personales para conseguirlo.

Entonces, ¿cómo incluimos un «porque…» en nuestra Declaración de Misión? Nos aseguramos de mencionar lo que ocurre en la historia general de nuestro cliente cuando se encuentra con nuestros productos y servicios.

Por ejemplo, si tienes una oficina inmobiliaria y quieres vender 100 viviendas este año, tu Declaración de Misión podría terminar con la frase: «… porque toda persona merece llegar a un hogar que ama».

Esta declaración sirve entonces como una razón que justifica la importancia de tu trabajo. Un agente inmobiliario se levanta cada día porque alegra la vida de sus clientes cuando encuentran una casa que les encanta. Ayudar a las personas a encontrar un hogar es un trabajo importante. Al incluir el «¿por qué?» en su Declaración de Misión, el agente inmobiliario y su oficina se sienten inspirados a seguir haciendo un trabajo importante y a hacerlo bien.

Si tienes una clínica dental, podrías decir algo como «porque cuando la gente ama su sonrisa, se ama más a sí misma y a su vida».

Incluir un «porque...» al final de tu Declaración de Misión ayudará a todos los implicados a comprender por qué la misión es importante.

Los tres elementos que crean una línea argumental

Uno de los mayores problemas a los que se enfrentan las empresas es el reto del compromiso. ¿Cómo conseguimos que nuestro talento se comprometa plenamente con el trabajo? ¿Y cómo atraemos y retenemos a los mejores talentos?

Una vez más, la mejor forma de comprometerte a ti mismo y a tus trabajadores es creando una tracción narrativa en torno a tu misión. La tracción narrativa se produce cuando tu Declaración de Misión plantea una pregunta tan atractiva que no puedes esperar a saber qué pasa. ¿Superaremos a nuestro competidor? ¿Lanzaremos una nueva fuente de ingresos? ¿Doblaremos nuestras ventas del producto X?

Tu nueva Declaración de Misión define esa historia e invita a todo el mundo a participar en ella.

Una fórmula de Declaración de Misión que funciona

La mejor fórmula para definir una Declaración de Misión que incluya los tres elementos necesarios para crear tracción narrativa es la siguiente:

Lograremos X antes de Y porque Z.

Al utilizar esta fórmula para crear tu Declaración de Misión, introduces eficazmente las coordenadas económicas que necesita tu empresa, incluyes un plazo realista que aumenta el sentido de urgencia y defines una razón por la que el trabajo es importante. Estos tres elementos también los invitarán eficazmente a ti y a tu equipo a formar parte de una historia que inspirará la acción.

Ahora que tenemos una fórmula para crear una Declaración de Misión que funcione, vamos a crear paso a paso una para ti.

Primera parte de la Declaración de Misión: define tres prioridades financieras

Una vez que nos desprendamos de todo el lenguaje esponjoso que nos gusta utilizar en las Misiones y generemos coordenadas específicas que puedan guiar la toma de decisiones, la tripulación a bordo del avión sabrá adónde nos dirigimos y podrá aplicar ingeniería inversa a su trabajo para asegurarse de que respalda esos objetivos.

Pero ¿a qué tipo de objetivos debemos darles prioridad?

Para construir un negocio que sea fiable, debemos priorizar los objetivos económicos. Si la empresa no genera ingresos rentables, se estanca y quiebra; el avión se estrella. Y si la empresa quiebra, no se cumple la misión, los problemas de los clientes se quedan sin resolver y todo el equipo pierde su empleo.

Hay que evitar esta catástrofe.

Muy pocas misiones incluyen objetivos económicos. Creo que esto es un error. La empresa existe para generar ganancias mientras crea valor para los clientes. Este no debería ser un objetivo oculto.

A menudo, me encuentro con miembros de empresas pequeñas que creen que si cuidas a los clientes, el dinero se cuidará solo. Lamentablemente, esto no es cierto. Hay que vigilar, en todo momento, tanto las necesidades de los clientes como el balance de resultados. Las leyes del comercio, al igual que las leyes de la física, no cambian. Aunque la tripulación de un vuelo sea extremadamente buena con sus clientes, si el avión se queda sin gasolina, la historia acaba en tragedia de todas formas.

No tienes que vivir en función del dinero, pero necesitas dinero para mantenerte con vida. Establecer prioridades financieras en nuestra Declaración de Misión fija objetivos claros para que nuestro avión tenga un vuelo seguro.

Recuerda siempre que tú y tu equipo dependen del éxito del negocio. Este no puede estrellarse.

Mantén tu negocio siempre anclado a las realidades económicas. No todos los miembros del equipo están en el negocio para ganar dinero. Algunos preferirían regalar los productos y recibir solo gratitud a cambio. Por desgracia, esa es una forma estupenda de estrellar un avión. Este tipo de empleados ve el mundo así porque la empresa para la que trabajan no les pertenece. No es su avión, es tu avión; y si estrellan tu avión, pueden ir a trabajar en el avión de otro y estrellarlo también. Irónicamente, quienes «no están motivados por el dinero» aun así esperan recibir un sueldo.

Asegurémonos de que la mentalidad de «el dinero no importa» no se apodere de nuestro negocio. La verdad es que preocuparse por los clientes y preocuparse por el balance de resultados no son mutuamente excluyentes. Te repito, mantén tu negocio siempre anclado a las realidades económicas.

Tu equipo y tú deben hablar abiertamente sobre las prioridades económicas

La razón principal para incluir tres prioridades económicas en tu Declaración de Misión es normalizar las conversaciones acerca de las finanzas. Si tú y tu equipo normalizan hablar sobre el dinero, todos ganarán más dinero. Te lo prometo.

Cuando converses con tu directiva, debes formular y responder sistemáticamente preguntas como estas:

- ¿Cuánto dinero estamos ganando?
- ¿Qué tan rentable es el negocio que estamos aportando?
- ¿Cuál fue nuestro objetivo financiero este mes o este trimestre?
- ¿Hemos alcanzado ese objetivo? ¿Por qué sí o por qué no?
- ¿Cómo puede mejorar la compañía? ¿Deberíamos cambiar las prioridades económicas en nuestra Declaración de Misión?
- ¿Cómo van los objetivos económicos que no figuran en nuestra Declaración de Misión?

¿Por qué debes incluir solo tres prioridades económicas?

Tu empresa puede tener varios objetivos económicos. Puede que quieras vender un número concreto de unidades, mantener un determinado margen de ganancia o aumentar las ventas X veces.

De hecho, deberías tener decenas de objetivos económicos. Sin embargo, la razón por la que limitamos nuestra Declaración de Misión a incluir solo tres objetivos económicos es que al cerebro humano le cuesta priorizar más de tres objetivos a la vez. El adagio es cierto: si priorizas todo, no priorizas nada.

En cualquier caso, para la mayoría de las empresas, suele haber tan solo tres factores económicos que probablemente determinarán su éxito. Puede que haya más, y sin duda te ocuparás de ellos, pero en lo que se refiere a tu Declaración de Misión, solo debes dar prioridad a tres.

Si tienes una tienda y vendes cientos de productos, puedes agrupar tus prioridades económicas en categorías. Por ejemplo, un objetivo como «vamos a vender 35 bolsas de comida para perros cada día» da cuenta de una prioridad económica que impulsará el crecimiento global. Puede que vendas 20 marcas distintas de comida para perros, pero como has agrupado las ventas en una categoría, tu equipo puede diseñar el cumplimiento de ese fin. Si vas retrasado en tu objetivo, tu equipo puede crear una exhibición en la que expongas la comida para perros o puede enviar un correo electrónico a los clientes que tengan perros e informarles acerca de sus opciones.

Descubrirás que, al expresar claramente la misión de alcanzar hasta tres prioridades financieras, tú y tu equipo abren un bucle narrativo financiero que tendrán que atender para cerrarlo. En otras palabras, incluir las prioridades financieras en tu Declaración de Misión centra tu objetivo en las realidades económicas que mantendrán a salvo tu negocio y te permitirán crecer.

Junto con los objetivos de ventas, también está bien incluir medidas de clientes potenciales que conduzcan a ventas. Una medida de clientes potenciales sería algo como «X número de solicitudes» o «X número de usuarios que descargarán nuestra propuesta y entrarán en nuestro embudo de ventas». Aunque no son objetivos financieros directos, conducen a ventas, por lo que son casi tan buenos como los objetivos financieros. Por ejemplo, los seminarios web, las jornadas de puertas abiertas y las presentaciones magistrales conducen a ventas si están diseñados para ello.

¿Dónde ponemos las prioridades financieras en nuestra Declaración de Misión? Justo al principio.

La primera parte de tu Declaración de Misión va a decir: «Lograremos X». Esa «X» representa tus tres prioridades económicas.

Por ejemplo: «Venderemos 100 unidades de A, 300 unidades de B y 50 unidades de C».

O bien: «Ayudaremos a 42 clientes a vender sus casas, a 53 clientes a comprar casas nuevas y celebraremos 18 jornadas de puertas abiertas».

Así de sencillo. Lo único que tienes que hacer es identificar tres objetivos financieros que hagan avanzar el negocio e incluirlos en tu Declaración de Misión.

Para sacar el máximo partido de tu Declaración de Misión, tus tres prioridades económicas deben:

- Ser puntuales y medibles.
- Impulsar los ingresos de la compañía.
- Impulsar las ganancias de la compañía.

¿Que las suscripciones aumenten en un 20 % va a impulsar los ingresos y las ganancias? Si es así, esa es una estadística medible que puedes incluir en tu Declaración de Misión.

Supongamos que diriges un restaurante y quieres que te conozcan por tus increíbles postres. Genial. En vez de decir: «Seremos reconocidos por nuestros postres», dirás: «Tendremos un promedio de 47 postres en el segmento de la cena cada noche». Un objetivo económico como este hará que tú y tu equipo emprendan medidas para alcanzar su meta. Si el promedio es de solo 20 postres, tu equipo puede empezar a preguntar a cada mesa si desea postre, o tal vez imprimir un menú de postres aparte y llevarlo a cada mesa justo cuando estén terminando de cenar. De nuevo, si incluyes las prioridades económicas en tu Declaración de Misión, tu equipo y tú empezarán a crear formas de alcanzar esos objetivos. Si tu Declaración de Misión es vaga, no despertará el tipo de creatividad necesaria para hacer crecer un negocio.

¿Por qué las tres prioridades económicas deben ser medibles?

Es importante que las tres prioridades financieras de tu Declaración de Misión sean medibles porque debe ser evidente si has cumplido o no tu objetivo. Es estupendo que existas para hacer felices a los clientes, pero también es tremendamente intrascendente. «Clientes satisfechos» es un objetivo difícil de medir. En vez de decir que quieres «clientes contentos», di que quieres que «250 clientes regresen en los próximos 24 meses». Enunciar la prioridad económica de forma que pueda medirse te permite diseñar y ejecutar un plan para cumplir esa misión. Si fracasas, no hay problema: identifica por qué no has dado en el blanco, ajusta tu plan, amplía el plazo y sigue adelante.

Define tres prioridades económicas cruciales para tu empresa y tendrás más dinero para nóminas, beneficios y tu creciente cuenta de ganancias empresariales, que luego podrás utilizar para hacer inversiones externas y aumentar tu patrimonio personal.

¿Cuáles son las tres prioridades económicas cruciales que quieres incluir en tu Declaración de Misión?

EJEMPLOS:

Una cervecería: aumentaremos nuestra distribución de cerveza a 75 restaurantes más, a cuatro cadenas más de tiendas de comestibles y a 27 bares para X fecha.

Una revista: aumentaremos nuestra base de suscriptores a 22 000, nuestros anunciantes en 40 % y elevaremos la inversión publicitaria promedio de los clientes a 22 000 dólares para X fecha.

Una empresa de consultoría: atenderemos a 30 nuevos clientes, venderemos cinco nuevos paquetes de retención y obtendremos 98 % en los resultados de las encuestas de satisfacción de los clientes durante el periodo de...

Haz una lluvia de ideas sobre tus tres prioridades económicas

Escribe la primera parte de tu Declaración de Misión a partir de la frase:

VAMOS A LOGRAR:

_____

_____

_____

Una vez que hayas completado tu Declaración de Misión, puedes transferirla al Plan de Vuelo para Pequeños Negocios.

Siéntete libre de cambiar tu Declaración de Misión en tiempo real

La mayoría de las grandes compañías serían incapaces de cambiar su Declaración de Misión en tiempo real, pero tú no diriges una compañía grande. No hay razón para que no puedas cambiar tu Declaración de Misión cada dos años.

Tu Declaración de Misión no es un documento legal: está diseñada para crear tracción narrativa e inspirar la acción, de modo que tú y tu equipo no pierdan el rumbo por el camino. Si tus tres prioridades económicas no están generando claridad y enfoque, cambia la declaración. Simplemente reúne a tu equipo y hablen de lo que hay que cambiar. De hecho, modificamos nuestras tres prioridades cruciales varias veces antes de definir con precisión los objetivos que ahora impulsan nuestro crecimiento. A eso súmale que nuestro plazo de entrega rara vez es superior a 18 meses, por lo que nuestra Declaración de Misión se edita y ajusta al menos cada 18 meses.

¿Cuándo debes cambiar tu Declaración de Misión? Muy sencillo. Cambia tu Declaración de Misión en dos circunstancias: primero, cuando la hayas cumplido toda o parte de ella, y segundo, si te das cuenta de que tu Declaración de Misión no está incentivando la acción. Sigue modificando tu Declaración de Misión hasta que inspire un objetivo y luego déjala correr.

Ahora que el equipo conoce las prioridades económicas que servirán de destino y pueden ayudarte a crear un plan de vuelo, hablemos sobre cómo elevar la urgencia de tu misión.

Segunda parte de la Declaración de Misión: incluye una fecha límite para tus prioridades financieras

Si los narradores y guionistas quieren hacer más interesante una historia, incluyen una fecha límite. Una cosa es que nuestro héroe quiera casarse con la mujer que ama, ¡pero es aún mejor si el imbécil de su hermano se va a casar con ella en menos de una semana! Cuando una historia incluye un plazo, se vuelve mucho más interesante.

De hecho, una de las series más populares de la historia de la televisión se basaba en un reloj con una cuenta regresiva de veinticuatro horas que avanzaba lentamente. Millones de personas veían cómo Kiefer Sutherland intentaba detener a los malos antes de que el reloj llegara a cero.

La cuenta regresiva es un recurso increíble para aumentar tu intensidad y la de tu equipo en lo que a alcanzar esos tres objetivos financieros se refiere.

Después de determinar tus tres objetivos financieros, incluye la fecha en que deben cumplirse como siguiente parte de tu Declaración de Misión.

Cuando incluyas una fecha límite, tu Declaración de Misión se verá algo así:

Realizaremos ————————————, ————————————

y ———————————— para (X fecha) ————————————.

Cada uno de tus tres objetivos económicos debe compartir el mismo plazo. La idea es que elijas una fecha en la que puedas cumplir todo lo definido en tu Declaración de Misión y que luego repienses tu Declaración de Misión para seguir inspirando el crecimiento.

Es raro ver una fecha límite en una Declaración de Misión, que es otra razón por la que la mayoría de las Misiones son ineficaces.

Los plazos ayudan a la gente a entender que un proyecto es urgente. El producto debe estar en las estanterías antes de que se cumplan 12 meses. La deuda debe pagarse en tres años. El nuevo empleado debe incorporarse en un plazo de 90 días.

Todo esto suscita un interrogante: ¿Qué hacemos cuando llega la fecha límite? Esa es una gran pregunta. La respuesta es que o bien aprendes del fracaso en el cumplimiento de la misión o bien celebras el cumplimiento de la misión. Entonces editas tu Declaración de Misión para que vuelva a ser relevante.

¿Cuánto tiempo debemos darnos para cumplir nuestra misión?

No es mala idea cambiar los objetivos económicos junto con el plazo límite cada uno o dos años. Si el plazo de tu Declaración de Misión se prolonga más de dos años, vas a perder esa sensación de urgencia.

Los seres humanos tendemos a considerar nuestras vidas futuras como si estas les pertenecieran a otras personas. Somos capaces de pensar en el futuro, pero vivimos en el ahora y nos preocupamos por cómo nos sentimos hoy y, tal vez, mañana, pero no mucho más allá de eso.

Un plazo que se prolongue uno o dos años no se extenderá tanto en el futuro como para perder su sentido de importancia.

EJEMPLOS:

Una cervecería: aumentaremos nuestra distribución de cerveza a 75 restaurantes más, cuatro cadenas más de tiendas de comestibles y 27 bares para finales del año fiscal.

Una revista: aumentaremos nuestra base de suscriptores a 22 000, nuestros anunciantes un 40 % y la inversión publicitaria media de los clientes a 22 000 dólares *para dentro de dos años*.

Una empresa de consultoría: atenderemos a 30 nuevos clientes, venderemos cinco nuevos paquetes de retención y obtendremos un 98 % en los resultados de las encuestas de satisfacción de los clientes para antes del 31 de diciembre.

Tómate un tiempo, en soledad o con tu equipo, y define un plazo para cumplir tus tres objetivos económicos. Cuando hayas decidido una fecha límite, añádela a tu Declaración de Misión.

Después de definir hasta tres objetivos financieros y fijar un plazo, querrás terminar tu Declaración de Misión recordándote a ti mismo y a tu equipo por qué es importante alcanzar esos objetivos. Respondamos a la pregunta: «¿Por qué?».

Tercera parte de la Declaración de Misión: explica por qué la misión es importante

La Declaración de Misión «Podaremos el césped de más de 300 familias para el final del año» es un buen comienzo, pero para cerrar con broche de oro, añade el porqué: «Porque todo el mundo merece volver a casa y encontrar un césped que le guste».

Añadir este sencillo «porque...» les brinda a ti y a tu equipo una razón de peso para impulsar su misión y les recuerda por qué están en el negocio en primer lugar. De hecho, la parte del «porque...» de nuestra Declaración de Misión es la misión propiamente dicha. Sin él, solo tienes un objetivo y los objetivos en sí mismos no inspiran la expansión y el crecimiento en tu empresa. Una misión es mucho más importante que un objetivo. Una misión se produce cuando aceptamos el reto de mejorar la vida de nuestros clientes.

Aquí tienes dos aspectos que puede incluir tu declaración para transformar tus objetivos en una Declaración de Misión:

1. **Una visión de un mundo mejor:** dinos, concretamente, cómo el mundo será un lugar mejor si cumples la misión. ¿Qué verá la gente? ¿Qué sentirá?
2. **Un contraataque a una injusticia:** háblanos del sufrimiento que las personas ya no tendrán que experimentar si cumples tu misión. ¿Qué cosa rota se restaurará?

Cuando incluyes un «porque», tu misión importa, y tú y tu equipo estarán llenos de energía en torno a esa causa.

EJEMPLOS:

Una cervecería: aumentaremos nuestra distribución de cerveza a 75 restaurantes más, cuatro cadenas más de tiendas de comestibles y 27 bares para finales del año fiscal, porque todo el mundo merece tener acceso a su nueva cerveza favorita.

Una revista: Aumentaremos nuestra base de suscriptores a 22 000, nuestros anunciantes en un 40 % y la inversión publicitaria promedio de los clientes a 22 000 dólares en dos años, porque el buen periodismo puede salvar al país.

Una empresa de consultoría: Atenderemos a 30 nuevos clientes, venderemos cinco nuevos paquetes de retención y obtendremos un 98 % en los resultados de las encuestas de satisfacción de los clientes antes del 31 de diciembre, porque todo el mundo merece tener la ayuda que necesita para hacer crecer su negocio.

¿Cuál es tu «porque…»? ¿Cuál es el «¿por qué?» de tu Declaración de Misión? Cierra tu Misión con una buena razón para pasar a la acción, y tú y tu equipo lo harán.

Une las tres partes para conseguir la Declaración de Misión perfecta

Repito: la Declaración de Misión debe definir hasta tres prioridades financieras, fijar un plazo y describir la razón por la que es importante. Si implementas esto en tu Declaración de Misión, todo tu equipo sabrá qué visión debe impulsar y por qué su trabajo importa.

Puede que te lleve algún tiempo perfeccionar tu Declaración de Misión. No dudes en escribirla y editarla. Simplemente pídele a tu equipo un período de gracia mientras cambian juntos las prioridades, el plazo y el por qué, hasta que la Declaración de Misión genere tracción narrativa.

El sentido de la Declaración de Misión nunca ha sido tachar un pendiente y llenar una página con palabras vacías. El objetivo de la Declaración de Misión es invitarlos a ti y a tu equipo a participar en una historia que todos crean atractiva.

Un narrador trabaja su argumento para volverlo más interesante. No dudes en hacer lo mismo con tu Declaración de Misión. Cuando por fin tengas tu Declaración de Misión bien definida, es hora de insertarla en tu mente y en la de todos los que trabajarán para lograrla.

Una vez que escribes tu Declaración de Misión, ¿qué haces con ella?

Otro error que cometen los líderes es que escriben su Declaración de Misión, la leen un par de veces y luego la archivan. En el mejor de los casos, la Declaración de Misión queda enterrada en un pequeño texto de su sitio web o quizás en un folleto de recursos humanos que entregan a los nuevos empleados. Si ni los miembros de tu equipo ni tú pueden recordar la Declaración de Misión que redactaron, ni los miembros de tu equipo ni tú podrán recordar la misión por la cual trabajan.

Una vez que redactes tu Declaración de Misión, lanza una campaña de comunicación que los ayude a ti y a tu equipo a actuar de acuerdo con esa misión. Y todos sabemos lo que hace falta para recordar algo: la repetición.

Aquí tienes cuatro formas para ayudar a tu equipo a recordar la misión:

1. Inicia tus reuniones para personal leyendo la Declaración de Misión.
2. Mensual o trimestralmente, reconoce a un miembro del equipo por hacer avanzar la misión y cuenta su

historia como forma de destacar a esa persona y a la misión.

3. En los procesos de contratación, pídeles a los candidatos que lean la Declaración de Misión y que escriban por qué es importante para ellos.

4. Ten la Declaración de Misión escrita en la pared de tu lugar de trabajo y organiza una celebración al cambiarla a medida que se transforme.

De nuevo, la idea es que veas tu Declaración de Misión como la línea argumental de una historia y le recuerdes a tu equipo esa historia cada vez que tengas la oportunidad.

Una vez que escribas tu Declaración de Misión, habrás recorrido un tercio del camino hacia la creación de los Principios Rectores que servirán de base a tu compañía.

Accede a una versión digital rellenable en SmallBusinessFlightPlan.com

A continuación, definamos el tipo de personas que vas a necesitar reclutar (y en quién te vas a convertir) para cumplir tu misión. Definamos tus Cualidades Clave.

Cuando completes tu Declaración de Misión, transfiérela a la Hoja de Trabajo de Principios Rectores de tu Plan de Vuelo para Pequeños Negocios.

PASO 1:
Segunda parte
Define tus Cualidades Clave

C asi todas las historias que nos gustan tratan de un personaje o de un grupo de personajes que quieren algo y deben superar obstáculos para lograrlo. Sin embargo, lo que realmente nos gusta de esas historias no es que el héroe obtenga lo que quiere, sino que, para conseguirlo, se transforme en una versión mejor de sí mismo.

A los seres humanos nos encanta ver a otros seres humanos transformarse en mejores versiones de sí mismos. Es más, estamos absolutamente obsesionados con las personas que se transforman. Ya sea que veamos un programa de televisión sobre alguien que alcanzó una forma física asombrosa o un documental sobre un niño huérfano que al crecer se convirtió en presidente, la idea de que nosotros también podemos transformarnos nos inspira y motiva.

Los humanos somos seres activos, fluidos y en constante cambio. A medida que nos implicamos más en esta historia de la vida, aprendemos, crecemos y nos transformamos. Pero ¿cómo se transforman los seres humanos? ¿Por qué lo hacen? ¿Qué causa la transformación?

Los seres humanos se transforman cuando quieren algo y conseguirlo les exige un cambio drástico. Ya sea que deseemos una intimidad sana y nos demos cuenta de que necesitamos ver a un consejero, o que nos propongamos transformarnos físicamente para poder escalar una montaña, cuando nos involucramos por completo en algo que excede nuestras necesidades actuales, cambiamos.

De hecho, al escribir tu Declaración de Misión no solo invitaste a ti y a los demás a formar parte de una historia, sino también a transformarse en el tipo de personas que podrían llevar a cabo esa misión.

Lo que más desean los mejores talentos es trabajar para una empresa que los ayude a transformarse en profesionales de alto valor. Si tu Declaración de Misión es aspiracional, verán esa oportunidad en tu empresa.

Tú y tu equipo tendrán que desarrollar ciertas características para lograr su misión. En tu paquete de Principios Rectores, estas características se denominan Cualidades Clave.

Puedes considerar «tus cualidades clave», valores fundamentales, si así lo prefieres, pero, desde mi punto de vista, las cualidades son incluso mejores que dichos valores. Los valores fundamentales son estupendos, pero palabras como «integridad» a menudo son demasiado evasivas para hacerlas realidad. Además, la «integridad» es un valor esencial del ser humano. Si careces de integridad, lo más probable es que acabes en la cárcel. Las Cualidades Clave son más específicas; identifican el conjunto concreto de habilidades o rasgos de la personalidad necesarios para trabajar en tu compañía.

Hoja de Trabajo de Principios Rectores de la Empresa con una Misión

DECLARACIÓN DE MISIÓN

CUALIDADES CLAVE

① ② ③

ACCIONES CRUCIALES

① ② ③

Accede a una versión digital rellenable en SmallBusinessFlightPlan.com

Por ejemplo, si eres ingeniero de *software*, puede que necesites en tu equipo personas obsesionadas con simplificar una interfaz de usuario. O si eres la dueña de una tienda de mascotas, sin duda querrías que los miembros de tu equipo amen a los animales.

Cuando haces que tus valores fundamentales sean más específicos al convertirlos en Cualidades Clave, sabes mejor qué rasgos necesitas desarrollar en ti y cuáles debes buscar en las nuevas contrataciones.

Si le preguntas a un candidato si se considera una persona íntegra, sin duda te responderá: «Por supuesto». Lo mismo ocurrirá si le preguntas a alguien que aspira a trabajar en una tienda de mascotas si ama a los animales. Pero si le preguntas qué ha hecho que dé cuenta de su amor por los animales, tendrás muchas más probabilidades de averiguar si es o no el candidato adecuado.

A la hora de determinar tus Cualidades Clave, plantéate estas tres preguntas:

1. ¿Qué cualidades específicas debería tener cada uno de nosotros para crear (o vender) los productos que resolverán los problemas de nuestros clientes?
2. ¿Qué cualidades nos permitirán sobreponernos cuando los desafíos parezcan abrumadores?
3. ¿Qué cualidades se necesitan para crear una cultura segura y alentadora?

Al definir las Cualidades Clave que tendrás que encarnar para cumplir tu misión, determinas en quién tendrás que transformarte y qué tipo de personas necesitarás contratar.

¿Cuántas Cualidades Clave debemos definir?

Es probable que, para cumplir tu misión, tú y los miembros de tu equipo deban encarnar una serie de cualidades personales. Incluso distintos departamentos pueden requerir Cualidades Clave diferentes.

Sin embargo, para simplificar nuestros Principios Rectores, te recomendamos incluir solo tres Cualidades Clave en tu lista.

Estas deben ser lo suficientemente específicas como para guiar
tus decisiones de contratación, pero lo suficientemente universa-
les como para ser válidas para todos los miembros de tu
organización.

He aquí un buen ejemplo de algunas Cualidades Clave para un
restaurante local:

1. Nos encanta la gente y disfrutamos servirle.
2. Nos obsesiona la comida deliciosa.
3. Mantenemos la calma bajo presión.

Fíjate en la especificidad de estas Cualidades Clave. El restaurante no eligió decir: «Ponemos al cliente en el centro», sino:
«Nos encanta la gente y disfrutamos servirle». Al haber definido
exactamente el tipo de actitud que se requiere para interactuar
con los clientes, los miembros del equipo saben cómo se espera
que actúen. Cualquiera puede ser optimista y, aun así, desalentar
a la gente, pero si somos «positivos en nuestras interacciones con
las personas», difícilmente las desalentaremos.

Del mismo modo, si nos obsesiona la comida deliciosa, le recordamos a cada miembro del equipo que se asegure de que los
ingredientes sean frescos, que la comida se sirva de manera opor-
tuna y que cualquier plato que no luzca bien sea devuelto al chef
para su revisión. ¿Por qué? Si nos obsesiona la comida deliciosa,
estaremos siempre aprendiendo, creciendo y descubriendo nuevas formas de hacer que sepa mejor.

Por último, si el restaurante va a crecer, el equipo deberá mantener la calma al trabajar bajo presión. Esto es muy importante,
pues invita a sus miembros a aprender, crecer y convertirse en el
tipo de personas que se mantienen tranquilas en situaciones

estresantes. Esta Cualidad Clave define una identidad aspiracional. Si la tensión aumenta, el líder puede instar a los miembros
de su equipo a mantener la calma: una cualidad que sin duda se
convertirá en un atributo definitorio del equipo. Además, al desarrollar la capacidad de permanecer tranquilos bajo presión,
encontrarán formas más efectivas de organizar la cocina, agilizar
los pedidos y brindar una atención personalizada a sus comensales, incluso mientras el restaurante bulle a su alrededor.

Pero lo más importante es que estas tres características contri-
buyen a que el restaurante alcance sus objetivos financieros. Piénsalo: si vas a un restaurante con un personal increíblemente
positivo, donde sirven una comida exquisita y siempre están dispuestos a brindarte atención personalizada, ¿volverías? Por supuesto que sí. Ese restaurante va a crecer, sin duda, porque
definieron el tipo de personas en las que tendrían que convertirse
para cumplir su misión y luego empezaron a transformarse activamente en ellas.

A continuación, veamos algunos ejemplos de las Cualidades
Clave que podrían definir distintos tipos de empresas.

EJEMPLOS:

Representante de productos de marketing directo:
1. Le encanta conectar con la gente.
2. Cree que su producto puede cambiar vidas.
3. Es siempre resiliente.

Asesor financiero:
1. Pone siempre a los clientes en primer lugar.
2. Puede explicar inversiones complicadas con claridad.
3. Disfruta ayudando a las familias a dejar un legado.

Consultor:
1. Es muy bueno para convertir el conocimiento en esquemas prácticos.
2. Le encanta relacionarse con gente y hacer nuevos contactos.
3. Le apasiona resolver los problemas de los clientes.

Ahora es el momento de definir tus Cualidades Clave. ¿Cuáles son las tres cualidades que tú y tus compañeros de equipo deberán encarnar para cumplir tu misión? Haz una lluvia de ideas.

Cuando definas las tres principales, transfiérelas a tu Plan de Vuelo para Pequeñas Empresas.

CUALIDADES CLAVE:

_____

_____

_____

Ahora que conoces tus tres prioridades económicas, así como el tipo de personas que necesitas para alcanzar tus objetivos financieros, hablemos de las acciones que debemos tomar para vivir la misión.

PASO 1:
Tercera parte
Determina tus Acciones Cruciales

Crear un paquete de Principios Rectores puede ser uno de los ejercicios más inspiradores que realices como dueño de una empresa pequeña. Sentarse y soñar con lo que puede deparar el futuro es una experiencia increíble. Sin embargo, sería un gran error limitarse a soñar. Para lograr tu misión, tendrás que pasar a la acción.

Muy pocos esquemas de Principios Rectores incluyen Acciones Cruciales en su oferta, pero considero que estas son casi tan importantes, o incluso más, que las Cualidades Clave. Si no encarnamos la misión en la acción, jamás conseguiremos tener un impacto.

En la sección «Acciones Cruciales» de tu Hoja de Trabajo sobre los Principios Rectores, vas a definir tres acciones que cada miembro de tu equipo puede llevar a cabo casi a diario y que harán que la empresa avance hacia sus tres objetivos financieros.

Hoja de Trabajo de Principios Rectores de la Empresa con una Misión

DECLARACIÓN DE MISIÓN

CUALIDADES CLAVE

① ② ③

ACCIONES CRUCIALES

① ② ③

Business Made Simple

Accede a una versión digital rellenable en SmallBusinessFlightPlan.com

Si eres un emprendedor en solitario, este ejercicio será sencillo. Solo tienes que definir tres acciones que, al ejecutarlas a diario, te impulsarán automáticamente hacia tu misión. Si tu equipo tiene unos cuantos miembros, identifica tres cosas que cada uno de ustedes pueda hacer; lo mismo vale para los que tenemos 30, 40 o incluso 400 colaboradores.

Al definir las acciones cruciales, buscas crear hábitos que hagan avanzar la misión. Si la mayoría de los miembros de tu equipo desarrolla tres hábitos que afectan directamente a los resultados financieros, es casi seguro que la empresa va a prosperar.

¿Qué tipo de acciones deben definirse como «cruciales»?

Tus tres acciones cruciales deben compartir dos aspectos:

1. Casi todos los miembros del equipo pueden llevarlas a cabo.
2. Deben incidir directamente en el avance que ayudará a cumplir tu misión.

Volvamos a nuestro ejemplo del restaurante. Si todos los miembros del equipo se acostumbraran a preguntarles a los comensales si ya probaron «nuestros increíbles postres», sin duda el restaurante vendería más postres. Además, si se turnaran para limpiar el baño cada hora, todo el restaurante parecería más limpio. Estas dos acciones cruciales impulsarían los ingresos del restaurante y mejorarían la experiencia general del cliente. No solo eso, sino que, si una de las Acciones Cruciales fuera que el equipo se turne para llevarles té helado a quienes esperan en la cola, aún más clientes hablarían maravillas del restaurante.

Digo que «casi» todos los empleados podrían realizar «casi» todas las Acciones Cruciales cada día, y la palabra «casi» es importante. La verdad es que un chef, que está en la cocina, probablemente no va a salir a repartir té helado. Pero incluso el chef, al pasar por el comedor y conversar con las familias sentadas a la mesa, podría sugerirles los increíbles postres y luego responder algunas preguntas sobre la tarta de chocolate alemana.

Utiliza tus Acciones Cruciales para crear una cultura estupenda

Cada vez que das las gracias a un miembro del equipo de Chick-fil-A, este te responde: «Con gusto». La idea de que da gusto servir a los clientes se demuestra mediante la Acción Crucial de decir «con gusto» y, en esa medida, crea una cultura de servicio positivo a los clientes.

Tus Acciones Cruciales pueden contribuir significativamente a crear una cultura, sobre todo si la mayoría de los miembros de tu equipo las ejecuta a diario.

Cuando las personas realizan las mismas acciones de manera conjunta, se crea una especie de vínculo que da lugar a una tribu. Mira un partido de fútbol americano universitario y verás las acciones cruciales que los aficionados llevan a cabo en las gradas. Ya sea un cántico determinado, cierto baile al ritmo de una canción particular en un momento específico del juego o simplemente un fuerte abucheo al árbitro cuando no les gusta la decisión, estas acciones crean un vínculo tribal y hacen que un grupo de personas se perciba como una sola.

Además de crear esta conexión, las Acciones Cruciales que emprendes junto con casi todos los miembros de tu equipo amplifican el mensaje que tus acciones están transmitiendo al mundo. Si una oficina inmobiliaria decide que una de sus Acciones Cruciales es «enviar una tarjeta de agradecimiento firmada» a cada cliente que compra una casa, está amplificando el mensaje de que se preocupa por sus clientes y se alegra por esa importante nueva etapa en su vida. Esta sencilla Acción Crucial tendrá varios efectos. Le comunicará a toda la oficina que se vendió otra casa y les recordará que hay vidas que se transforman cada vez que un cliente se muda a su nuevo hogar. Asimismo, se trata de otra interacción agradable y atenta con los clientes que se traducirá en recomendaciones boca a boca para esa oficina inmobiliaria en concreto.

Pon a prueba tus Acciones Cruciales hasta que encuentres tres que se ajusten

No les des muchas vueltas a tus Acciones Cruciales. Si vas tras las «acciones correctas», lo más probable es que te frustres. La verdad es que hay miles de Acciones Cruciales estupendas que funcionarán para hacer crecer tu empresa. Simplemente identifica tres que tengan un gran impacto, de modo que puedas convertirlas en hábitos y utilizarlas para impulsar la compañía.

Una Acción Crucial puede ser tan sencilla como «tenemos una reunión de pie cada mañana en la que hablamos de los objetivos del día» o «revisamos nuestra lista de clientes cada día e identificamos cualquier necesidad especial que puedan tener antes de que lleguen». Si lo piensas, esas dos acciones cruciales te conducirán a tener un éxito increíble. Si identificas tus objetivos cada día, es más probable que los alcances, y si identificas las necesidades especiales de tus clientes, es más probable que cuando lleguen se genere una conexión memorable, lo que hará que vuelvan a visitarte y que el boca a boca sea positivo.

No dudes en poner a prueba tus Acciones Cruciales y sustituir las que no estén calando en ti y en tu equipo. El proceso puede llevar un poco de tiempo, pero pronto descubrirás que tú y tu equipo están llevando a cabo tres Acciones Cruciales que hacen avanzar a la compañía, y que se están convirtiendo rápidamente en hábitos que definen tu cultura.

EJEMPLOS:

Panadería:
1. Ofrecemos una muestra a todo el que entra.
2. Comprobamos las fechas de caducidad de todos los ingredientes de la despensa.
3. Cada hora en punto limpiamos nuestros espacios de trabajo personales.

Empresa de manufactura:
1. Llevamos los cascos y los guantes puestos en todo momento.
2. Mantenemos un espacio de trabajo limpio.
3. Al comenzar cada turno, revisamos los progresos de ayer y escribimos nuestros objetivos.

Plataforma de aprendizaje en línea para emprendedores independientes:
1. Llamo a cada cliente nuevo y le doy las gracias por su pedido.
2. Creo un nuevo post de Instagram al día, ofreciendo un valor gratuito increíble.
3. Cada mañana relleno mi agenda diaria y decido qué contenido tengo que crear ese día.

Tómate un tiempo e identifica tres Acciones Cruciales que tú y tu equipo puedan llevar a cabo y que contribuyan directamente a la consecución de tu Declaración de Misión.

Haz una lluvia de ideas sobre las acciones cruciales y, cuando hayas elegido tres, añádelas a la Hoja de Trabajo de los Principios Rectores de tu Plan de Vuelo para Pequeñas Empresas.

TUS TRES ACCIONES CRUCIALES SON:

_____

_____

_____

En las páginas siguientes verás ejemplos de cómo tres empresas completaron su Hoja de Trabajo de los Principios Rectores de la Empresa con una Misión.

Ejemplo B2C: Pastelería especializada en bodas

Hoja de Trabajo de Principios Rectores de la Empresa con una Misión

DECLARACIÓN DE MISIÓN

Venderemos 250 pasteles de boda, promoveremos un nuevo sabor cada mes y atraeremos a más de 2.500 clientes potenciales en un año calendario, porque todo el mundo merece tener un pastel del que presumir en su boda.

CUALIDADES CLAVE

① Creativo.

② Aprende una nueva técnica de decoración cada mes.

③ Mantiene su puesto de trabajo limpio y organizado.

ACCIONES CRUCIALES

① Recibe a todo el mundo con una sonrisa y una muestra del producto.

② Aprende nuevas técnicas de decoración.

③ Su primera respuesta a un reto es «Gracias, encontraremos la manera de hacerlo».

Business Made Simple

Accede a una versión digital rellenable en SmallBusinessFlightPlan.com

Ejemplo B2B: Soluciones de ciberseguridad

Hoja de Trabajo de Principios Rectores de la Empresa con una Misión

DECLARACIÓN DE MISIÓN

Realizaremos 100 nuevas auditorías de seguridad, crearemos paquetes de seguridad para 50 nuevos clientes y al final del año habremos retenido 250 suscriptores mensuales, porque defender tu negocio contra ataques de ciberseguridad no debería ser abrumador.

CUALIDADES CLAVE

① Piensa como hacker.

② Posee un fuerte sentido de la justicia.

③ Es competitivo y le gusta ganar.

ACCIONES CRUCIALES

① Entrega su trabajo a tiempo.

② Va más allá de los deberes de su cargo.

③ Activo en las reuniones de su departamento cada día.

Business Made Simple

Accede a una versión digital rellenable en SmallBusinessFlightPlan.com

Ejemplo sin ánimo de lucro: Construcción de hogares

Hoja de Trabajo de Principios Rectores de la Empresa con una Misión

DECLARACIÓN DE MISIÓN

Reclutaremos patrocinadores para financiar la construcción de 50 hogares, encontraremos 50 familias que califiquen para un nuevo hogar y hacia el final del año habremos firmado con cinco socios corporativos Nivel Diamante, porque cada familia merece sentirse segura, con un techo sobre sus cabezas y comida en la mesa.

CUALIDADES CLAVE

① Presta atención a familias necesitadas.

② Tiene buen ojo para alcanzar la excelencia en el área de construcción y desarrollo.

③ Llega puntual y preparado.

ACCIONES CRUCIALES

① Comparte nuestra misión con todo el mundo.

② Memoriza las historias de cada familia y las comparte.

③ Se atreve a pedirle a donantes potenciales que se unan a nuestra misión.

Business Made Simple

Accede a una versión digital rellenable en SmallBusinessFlightPlan.com

¿Qué hacer con tus Principios Rectores una vez creados?

Ahora que ya tienes definidas tu Declaración de Misión, tus Cualidades Clave y tus Acciones Cruciales, puedes ponerlas todas en tu Hoja de Trabajo de Principios Rectores.

Te dejo algunas acciones que puedes realizar con tus Principios Rectores para que tú y tu equipo los integren más fácilmente y logren cumplir su misión:

- Repásalos semanalmente en tu Reunión General de Personal.
- En tu Reunión General de Personal, pide aplausos para destacar a los miembros del equipo que hayan asumido tus Cualidades Clave.
- Ten pintados artísticamente tus Principios Rectores en una pared del lugar de trabajo.
- Revísalos y edítalos en una reunión especial bianual con tu equipo directivo.
- Anuncia con bombos y platillos cualquier edición o cambio en tus Principios Rectores.
- Crea vídeos que expliquen (y demuestren) tus Principios Rectores para que las nuevas contrataciones puedan revisarlos.
- Incluye tus Principios Rectores en cualquier material de reclutamiento.

¡Felicitaciones! Ahora que has creado tus Principios Rectores utilizando el Esquema de Misión Empresarial, tienes los cimientos sobre los cuales construir tu pequeña empresa. Establecer una visión convincente, Cualidades Clave y Acciones Cruciales los transformará a ti y a tu equipo directivo en guías de confianza, en posición de ayudar a todos los miembros del equipo a cumplir la misión y conseguir una victoria.

Una vez que hayas implementado el Esquema de Misión Empresarial y te sientas cómodo para seguir avanzando, empieza a trabajar en el Paso 2: «Esclarecer tu mensaje de marketing».

2

Marketing

PASO 2:
El motor derecho

*Esclarece tu mensaje utilizando
el Esquema StoryBrand*

El Paso 2 te ayudará a resolver estos problemas:

- No sabes cómo hablar de tus productos para que vendan.
- Tu sitio web y material de marketing no están generando ventas.
- Los clientes no están corriendo la voz sobre tu marca.
- Tus redes sociales no tienen un hilo conductor.
- No has creado un público fiel a la marca.
- Cuando hablas de tus productos, las personas se confunden.

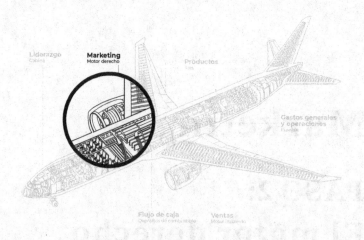

S i has leído mi libro *Cómo construir una StoryBrand*, este
será el único capítulo del libro que funcionará como material de repaso. El resto del libro será nuevo para ti. Dicho esto, no te saltes el Paso 2. Revisar y refinar tu motor de
marketing es vital para aumentar la propulsión y hacer despegar
el avión.

· · ·

Lo primero que hace casi todo el mundo al emprender es contratar a alguien que diseñe un logotipo y defina los colores de la
marca. Encantados con su logotipo, lo ponen en gorras de béis-
bol, en tazas de café y en bolsas que regalan a amigos y familiares.
El problema es que imprimir tu logo en promocionales no incre-
menta las ventas. Una buena marca sin un marketing real equivale a pintar el lateral de un avión que aún no está listo para volar.

¿Cuántas ventas generan un buen logotipo y un material promocional simpático? Por lo general, ninguna. De hecho, los

únicos que se benefician económicamente de tu inversión en el logotipo y en la taza de café son quienes diseñan el logotipo y la compañía que te vendió la taza de café.

Crear un logotipo y escoger los colores de tu marca es muy importante, por supuesto, pero hay otras cosas que lo son más. Comunicarles a los clientes potenciales que tu producto resolverá un problema con el cual están lidiando y luego pedirles a esos clientes que realicen un pedido es infinitamente más importante que poner tu logotipo en material promocional.

Si ya creaste tu logotipo e identificaste la guía de estilo de tu marca, no te preocupes. Ese es solo un paso más que no tendrás que dar luego. Por ahora, sin embargo, hagamos que tu avión avance y que fluya algo de dinero hacia tu caja registradora.

Los próximos dos pasos representan el motor derecho e izquierdo de tu avión. El derecho simboliza el marketing; el izquierdo, las ventas. Ya que el trabajo de un motor es crear propulsión y hacer avanzar el avión, hablaremos sobre cómo ambos motores pueden mover las alas (los productos) de tu avión lo suficientemente rápido como para hacer que se eleve y se sostenga en el aire.

Cuando el mensaje es claro, tus clientes escuchan

Nuestros esfuerzos de marketing se centrarán en un objetivo claro: explicar qué ofrecen nuestros productos en un lenguaje tan claro y sencillo que todo el mundo entienda por qué debe comprar nuestros productos y se motive a hacerlo.

Esto podría sonar a cierto tipo de manipulación, pero el marketing no debe basarse en la manipulación. Debe ser claro. Si manipulas a las personas, puede que les vendas algo una vez. Pero si explicas claramente lo que ofreces, generas confianza y el negocio se repite.

Cuando hablamos de marketing, a menudo nos referimos a nuestro sitio web, los generadores de clientes potenciales, la publicidad y quizás algunos carteles, folletos y volantes. Todo esto es una parte importante de tu material de mercadeo, pero la verdad es que el corazón de tu marketing se encuentra en las palabras que usas en esos sitios, anuncios y carteles.

Tristemente, la mayoría de las pequeñas empresas se concentran más en cómo lucirá su marketing que en lo que dirá. Esto nunca funciona. ¿Por qué? Porque la razón por la cual los clientes realizan pedidos no es que el diseño de una marca sea atractivo, sino que leen o escuchan palabras que los incitan a hacerlo.

En el paso que te ayuda a construir el motor derecho de tu avión, pondremos en marcha tu motor de marketing mediante la creación de algunas sencillas píldoras de comunicación que podrás replicar luego en tu material de marketing. Entre más precisas sean tus palabras y con más frecuencia las utilices, más rápido volará tu avión y más elevación lograrás.

Aquí es donde entra en juego el Guion de Marca (BrandScript). Un Guion de Marca se compone de siete «temas de conversación» que puedes utilizar para invitar a los clientes a participar de una historia en la que compran tu producto para resolver uno de sus problemas y, seguramente, vivir felices para siempre.

En este capítulo te guiaré a través del proceso de creación de esos temas de conversación.

Cuando hayas terminado de crear un Guion de Marca, contarás con palabras poderosas para utilizar en tu sitio web, en tus generadores de clientes potenciales y correos electrónicos, e incluso en tus presentaciones. Si utilizas el esquema que estoy a punto de presentarte, encontrarás las palabras que necesitas para conseguir más clientes interesados en tus productos.

Tu pequeña empresa se construye con palabras

Cuando pensamos en crear nuestra pequeña empresa, lo más probable es que reparemos en el tiempo que tendremos que dedicarle, el dinero que tendremos que invertir, los miembros del equipo que tendremos que contratar y los productos físicos que tendremos que crear.

Un aspecto que a menudo pasamos por alto son las palabras que emplearemos para describir nuestros productos. La verdad es que nuestro negocio crecerá porque hemos utilizado palabras que hacen que las personas quieran comprar nuestros productos. Si no sabemos cómo hablar de nuestros productos, nuestro negocio no va a crecer.

Las palabras que usas para hablar de tus productos importan. Cuando alguien visita tu sitio web y lee sobre tus productos, esas palabras pueden atraerlo o confundirlo. Las ventas solo ocurrirán cuando aquellas palabras los inciten a realizar un pedido. Cuando alguien agarra tu producto, lee lo que está escrito en el envase. Cuando los clientes abren tus correos electrónicos o visitan tus redes sociales, se encuentran con palabras que bien pueden llamar su atención o confundirlos y hacer que pierdan el interés. De acuerdo con las palabras que elijas, se verán atraídos por una historia en la que ellos son los héroes y utilizan tu producto para resolver un problema, o tu producto les parecerá irrelevante y seguirán adelante.

La cuestión es la siguiente: tu marca se construye con palabras.

Entonces, ¿qué tipo de palabras debemos utilizar para que nuestros productos atraigan a las personas y las animen a hacer pedidos?

Si quieres usar palabras para ayudar a que la gente entienda por qué tus productos son importantes, recuerda estas dos ideas principales:

1. Las personas solo se sienten atraídas por la información que las ayuda a sobrevivir y prosperar.
2. Por lo general, la gente solo escucha las ideas comunicadas con sencillez.

Cuéntales a las personas cómo puedes ayudarlas a sobrevivir y prosperar

El primer error que cometen las marcas a la hora de hablar de sus productos es que no se enfocan en aquellos aspectos de su oferta que ayudarán a la gente a sobrevivir y prosperar.

El ser humano está diseñado para sobrevivir. De hecho, ese es el trabajo principal de su cerebro: explorar el entorno en busca de información, herramientas y conexiones que lo mantengan con vida. Esto significa que a lo largo de tu existencia buscas cosas y personas que puedan ayudarte a seguir vivo (y a prosperar), e ignoras casi todo lo demás. La supervivencia es el objetivo predominante de cada una de las personas que has conocido, incluyéndote.

Si quieres vender más, habla de aquellos aspectos de tus productos que ayudarán a la gente a sobrevivir y prosperar. A nadie le importa si tu abuelo fundó la empresa, pero sí si tu producto puede resolver un problema que le quita el sueño. Si hablamos de los aspectos de nuestros productos que las ayudarán a sobrevivir y prosperar, las personas nos prestarán atención. Y si no lo hacemos, nos ignorarán.

No obligues al cliente a pensar demasiado

Lo siguiente que debemos hacer si queremos que la gente compre nuestros productos es utilizar un lenguaje sencillo y claro. Si no comunicamos con claridad, nos ignorarán. Los clientes siempre están atentos a su entorno en busca de cosas y personas que los ayuden a sobrevivir. Pero como están tan bombardeados de información, no tienen mucho tiempo para estudiar nada que no despierte de inmediato su instinto de supervivencia.

Tu cerebro filtra casi todo, procesando solo la información que te ayudará a sobrevivir y prosperar. Esto significa que la mayoría de los mensajes de marketing se ignoran por completo. Si tu cerebro no filtrara la información que no necesita, tu vida sería absolutamente ingobernable. Al entrar en una cafetería, te detendrías a estudiar la bisagra de la puerta y, unas horas más tarde, seguirías allí, preguntándote qué tipo de grasa se utiliza para que no chirríe. ¿Por qué? Porque faltaría el filtro de tu cerebro que dice que no necesitas esa información para sobrevivir.

La mayoría de las cosas «interesantes» que nos rodean pasan completamente desapercibidas en la vida. Tendemos a ignorar casi todo lo que no necesitamos para sobrevivir. El problema es que si no posicionas tus productos como herramientas que la gente pueda utilizar para prosperar, tus productos serán ignorados.

¿Qué quiero decir con «sobrevivir»? Me refiero a ahorrar dinero, ganar dinero, encontrar descanso, sentirnos mejor, conectar con más gente, crear nuevos recuerdos con los seres queridos, cuidar de nosotros mismos, encontrar el amor, entretenernos, descansar y recargarnos, comer, defendernos, etcétera.

Entonces, si las dos acciones que debemos llevar a cabo para vender más productos son 1) asociar nuestros productos a la supervivencia de nuestro cliente, y 2) utilizar píldoras de comunicación breves y sencillas, ¿qué tipo de mensajes tenemos que emplear en nuestro marketing? La respuesta no es complicada: asociar nuestros productos a la supervivencia de nuestros clientes en píldoras de comunicación tan breves y sencillas que la gente no tenga que pensar demasiado para entender por qué debe comprarlos.

En otras palabras, no le cuentes a la gente que tu bisabuela fundó la empresa o que tienes una excelente métrica de «buenos lugares para trabajar» o que estás construyendo un nuevo edificio o cualquiera de esas cosas que tienen que ver con tu supervivencia, pero no con la de tus clientes.

Tus clientes tienen un filtro innato: si no les hablas sobre cómo puedes ayudarlos a sobrevivir y prosperar, te ignorarán.

Utiliza una historia para crear píldoras de comunicación breves y sencillas

Para crear píldoras de comunicación breves y sencillas que atraviesen el filtro casi impenetrable del cerebro humano, vamos a utilizar el increíble poder de las historias. No hay nada que haga girar más rápido tus motores de ventas y marketing que una historia. Nada.

Uno de los mayores retos del marketing es conseguir que las personas dejen de ignorarnos y nos presten atención el tiempo suficiente para comunicarles por qué deben comprar nuestro producto. Y el reto es real.

¿Sabías que el cerebro humano promedio pasa el 30 % de su tiempo soñando despierto? Cuando estamos atascados en el tráfico, soñamos despiertos. Cuando leemos un libro, hacemos todo lo posible por no hacerlo.

Resulta que soñar despierto es un mecanismo de supervivencia. Cuando sueñas despierto, tu cerebro está diciendo: «Aquí no hay nada que pueda ayudarme a sobrevivir o prosperar, así que voy a conservar calorías por si necesito la energía mental más tarde».

Una de las pocas cosas que pueden hacer que dejes de soñar despierto durante un largo periodo es una historia. Cuando nos sentamos a ver una película o a leer una novela, nuestro cerebro se encierra en el relato y le dedicamos nuestra atención durante horas. Todos hemos vivido la experiencia de empezar una serie en Netflix solo para darnos cuenta, horas después, de que hemos estado sentados en el sofá todo el día. La historia es tan convincente que no podemos apartar la vista.

Así que, si el relato nos hace prestar atención, ¿cómo podemos aprovechar el poder de las historias para generar interés por nuestra marca y nuestros productos?

Por suerte, el relato se construye a partir de fórmulas milenarias. Los narradores de todo tipo llevan siglos utilizándolas para captar la atención de su público. La misma narrativa que se utilizaba en la antigua Grecia se emplea ahora en los videojuegos de realidad virtual.

Cuando estableces tu Guion de Marca StoryBrand, creas siete tipos de píldoras de comunicación que, al replicarlas en tu material de marketing, te ayudarán a invitar al cliente a participar en tu historia, generando más ingresos para tu marca. El Esquema StoryBrand es una versión más sencilla de las fórmulas que los narradores han utilizado desde hace siglos. A ellos les ha funcionado y a ti te funcionará también.

En el primer paso, utilizaste el Esquema de Misión Empresarial para invitar a ti y a tu equipo a participar en una historia; ahora utilizarás el Esquema StoryBrand para invitar a tus clientes a participar en una historia que resuelva sus problemas y cambie sus vidas.

Los siete elementos del Esquema StoryBrand

Más de 700 000 líderes empresariales han utilizado el Esquema StoryBrand para esclarecer su mensaje y aumentar la propulsión en su motor de marketing. Aunque varios de ellos pertenecen a empresas de Fortune 500, lo han usado sobre todo propietarios de pequeñas empresas, como tú, por su extraordinario poder para comunicar claramente tu oferta de valor al público.

Este esquema te explicará los siete puntos argumentales de una buena historia y te proporcionará siete píldoras de comunicación que puedes replicar en tu marketing. Utiliza estas píldoras, que invitan a los clientes a participar en una historia, para esclarecer el mensaje en tu sitio web o página de inicio, generadores de clientes potenciales, correos electrónicos de *nurturing* y ventas, así como presentaciones.

Si no estás seguro de cómo hablar de tus productos y servicios de forma que exhorte a los clientes a hacer pedidos, eso está a punto de cambiar.

Estos son los siete elementos del Esquema StoryBrand:

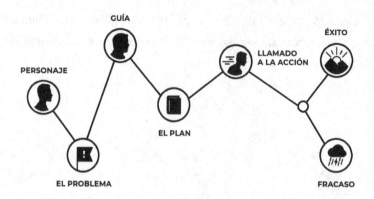

Cuando termines con el Paso 2, sabrás qué palabras utilizar para que la gente sepa qué vendes y por qué eso que vendes la ayudará a sobrevivir y prosperar.

Primer elemento del StoryBrand: un personaje que quiere algo

Una historia comienza cuando conocemos a un personaje que desea algo. El héroe busca desactivar la bomba. El atleta pretende ganar el campeonato. La pareja quiere casarse.

Cuando el protagonista desea algo, el público empieza a prestar atención porque se plantea una pregunta sobre el relato: ¿conseguirá el héroe lo que quiere?

Esto es lo primero que debes tener en cuenta en tu marketing: para llamar la atención, tienes que identificar algo que tu cliente potencial quiera y luego hablar de ello en tu material de mercadeo. ¿Quieren que su mascota tenga una vida larga y feliz? ¿Quieren un auto eléctrico que llegue más lejos con una sola carga?

¿Quieren enviar a sus hijos a un colegio donde reciban más atención de los profesores?

Cuando empezamos a hablar de las cosas que nuestros clientes creen que necesitan para sobrevivir y prosperar, empiezan a prestar atención.

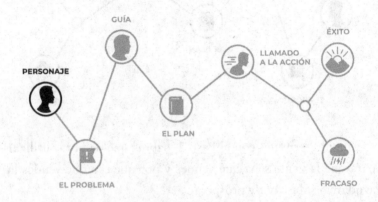

La clave aquí es ser específico. Si eres un consejero matrimonial, podría tentarte decir algo como: «Nuestros clientes quieren ser felices en casa», pero esto es demasiado vago. Sin contexto, esa afirmación podría provenir de una empresa de muebles, de seguridad para el hogar y hasta de una empresa de piscinas. En su lugar, podrías decir algo como: «Nuestros clientes quieren reavivar el amor que una vez compartieron con su cónyuge».

Cuanto más específico seas más probabilidades tendrás de abrir un bucle narrativo en la mente de tu cliente.

RESPONDE A ESTA PREGUNTA: ¿Qué necesita el cliente de tu negocio?

Una vez que hayas identificado algo concreto que quieran tus clientes, tendrás la primera píldora de comunicación para incorporar en tu material de marketing.

¿Por qué esta píldora de comunicación conducirá a las ventas? Una vez que identificamos algo que nuestros clientes potenciales quieren, abrimos un bucle narrativo en sus mentes. La única forma de cerrar ese bucle es al comprar nuestro producto o servicio.

Pero hay un problema: que hayamos identificado algo que nuestros clientes potenciales quieren no significa que vayan a concretar un pedido. Las personas no siempre compran lo que desean. O bien se convencen a sí mismas de no hacerlo o bien se ocupan con otros asuntos. Para convencer a la gente de que necesita tu producto o servicio, debes abrir un poco más ese bucle narrativo.

Segundo elemento del StoryBrand: debe superar un conflicto

Los héroes de las historias no consiguen de inmediato lo que desean. De lo contrario, la historia acabaría en las primeras páginas. Si un joven quiere casarse con su novia de la secundaria, le pide matrimonio, ella dice que sí y viven felices para siempre, tenemos la historia de amor más aburrida de todos los tiempos.

En lugar de conseguir lo que quieren de inmediato, los héroes deben superar enormes desafíos. El joven quiere casarse con su novia de la secundaria, pero, por desgracia, ella está enamorada de su hermano, que es un auténtico imbécil, solo que ella no lo sabe. Él no puede decirle que su hermano es un imbécil porque provocaría tensiones en su familia. Entonces, ¿qué hace? ¿Cómo supera todo esto y, con suerte, acaba con la mujer de sus sueños? Esa sí que es una pregunta fundamental en el relato.

El conflicto es lo que hace que una historia sea interesante. Aunque nadie desea el conflicto en la vida real, nos encanta verlo en las historias. Si pausas una película en un momento aleatorio, es probable que des con un héroe enfrentando graves problemas. Durante todo el relato, el héroe suele estar emocionalmente destrozado o en peligro físico. Los narradores añaden conflicto porque los seres humanos nos identificamos con el conflicto. Si lo piensas, todo ser humano está intentando constantemente superar problemas en su vida. Por eso, el conflicto hace que prestemos atención al cuento. Nos preguntamos si el héroe va a conseguir lo que quiere y cuando vemos que supera un conflicto, sentimos la esperanza de que nosotros también podemos hacerlo.

Para crear píldoras de comunicación que exhorten a las personas a comprar nuestros productos, tenemos que hablar de los problemas a los que se enfrentan nuestros clientes y de cómo nuestros productos resuelven dichos problemas. Cuando hablamos de los problemas de nuestros clientes, nuestro marketing funciona mejor y nuestro avión avanza.

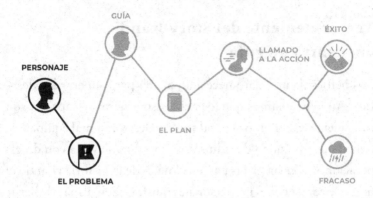

Esta es la cuestión: la gente solo adquiere productos y servicios para resolver problemas. Al hablar de los problemas que experimentan tus clientes (que tu producto resuelve), estás abriendo aún más el bucle, que debería resolverse con la compra de tu producto.

RESPONDE A ESTA PREGUNTA: ¿Cuáles son algunos de esos problemas que tienen tus clientes y que tus productos ayudan a superar?

_____

Ya tienes la segunda píldora de comunicación que puedes utilizar en tu material de marketing.

Por supuesto, no todos los clientes van a desprenderse tan rápido de su dinero. Aún podemos hacer más. Una vez que hayamos identificado lo que nuestro cliente quiere y podamos hablar con claridad del sufrimiento que este experimenta porque aún no ha comprado nuestro producto, es momento de entrar en su historia y ayudarlo a comprender las soluciones que ofrecemos.

Tercer elemento del StoryBrand: encuentra un guía

Los héroes de un relato necesitan ayuda para superar los desafíos. Aunque creamos que los héroes son fuertes y capaces, son todo menos eso. Por lo general son débiles, están mal equipados, tienen miedo, dudan de sí mismos y necesitan ayuda con desesperación. No es hasta las páginas finales de la historia cuando el héroe se revela como un personaje transformado, capaz de llevar a cabo su tarea.

Entonces, ¿quién ayuda al héroe a triunfar? El guía.

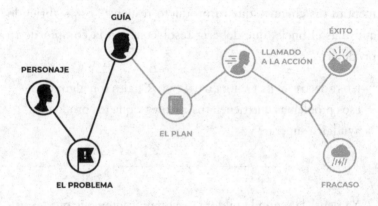

En las historias, a menudo se aparece un personaje misterioso, fuerte y capaz para ayudar al héroe en su viaje. A este personaje se lo llama guía.

El Sr. Miyagi es el guía de Daniel en *Karate Kid*. Gandalf guía a Frodo Bolsón para ayudarle a destruir el anillo en *El señor de los anillos*. Mary Poppins guía a los niños y a sus padres.

Sin guías, los héroes se perderían. Sin guías, los héroes jamás lograrían superar sus problemas.

Podría decirse que el punto más importante de todo el Esquema StoryBrand es este: nunca interpretes al héroe; interpreta siempre al guía.

Muchos líderes de pequeñas empresas cometen el error de posicionarse como los héroes de la historia. Hablan de cómo crearon su producto o de lo buenas que son sus ventas o del tiempo que llevan en el negocio, pero a los clientes no les interesan tus negocios. Lo que les interesa es si puedes o no ayudarlos a resolver un problema.

Cuando te posicionas como un guía, los clientes potenciales te reconocen como alguien que puede ayudarlos. Cuando te posicionas como un héroe, los clientes te ignoran. Literalmente te vuelves invisible.

Hay dos cosas que debes hacer para posicionarte como guía.

Lo primero es expresar empatía. A los guías les importa más el éxito del héroe que su propio éxito. Las palabras claves aquí son que «les importa».

En tu material de marketing, debes expresar empatía con el sufrimiento que experimentan tus clientes potenciales. Decir cosas como «Sabemos lo que se siente al luchar con...» contribuye en gran medida a posicionarte como guía.

Recuerda que los clientes-héroes tienen miedo, están mal equipados, frustrados y necesitan ayuda, por eso buscan a alguien que comprenda su dilema.

En tu material de marketing, incluye declaraciones de empatía para que tus clientes te reconozcan como el guía que se preocupa por sus frustraciones y dolores.

Lo segundo es demostrar autoridad. Por autoridad me refiero a que tienes que demostrar que realmente sabes cómo ayudar a tus clientes-héroes a superar su reto y triunfar.

No basta con que te preocupes por tus clientes; también tienes que ser capaz de dirigirlos de forma competente. ¿Has ayudado a cientos de personas a superar el problema al que se enfrenta tu cliente? ¿Has creado una tecnología que facilita la superación del reto? ¿Has ganado premios por el trabajo que has hecho? ¿Qué puedes decirle a tu cliente que lo haga confiar en que puedes ayudarlo a resolver sus problemas?

Afirmaciones como «Hemos ayudado a miles de personas como tú a superar X . . .» o «Nuestra tecnología galardonada ha aparecido en docenas de revistas ...» hacen que tus clientes sepan que eres experto en resolver sus problemas.

Mucha gente piensa que «no hacerse el héroe» significa que no puedes hablar de ti mismo en tu material de marketing, pero no es cierto. De hecho, puedes hablar de ti mismo. Puedes hablar de lo mucho que te importa el problema del cliente y puedes hablar de lo competente que eres para resolver ese problema. Al expresar empatía y demostrar autoridad, te posicionas como el guía en la vida de tu cliente. Cuando los clientes saben que te preocupas por su problema y que puedes ayudarlos a salir del atolladero, te buscan para pedirte ayuda.

Hay dos píldoras de comunicación que debes incluir en tu material de marketing y que te ayudarán a posicionarte como guía para tus clientes potenciales. Estas son:

EXPRESAR EMPATÍA:

_____

_____

DEMOSTRAR AUTORIDAD:

_____

_____

Utiliza estas píldoras de comunicación en tu material de marketing y lograrás que más clientes te presten atención.

Una vez que te hayas posicionado como el guía que tus clientes han estado buscando, es probable que quieran realizar un pedido. Con solo estos tres elementos narrativos en tu mensaje de marketing, tu motor derecho funcionará con más eficacia y tus ingresos aumentarán. Dicho esto, muchos clientes seguirán sin comprar. Es cierto que reconocen tu producto como una herramienta que pueden utilizar para resolver su problema y te respetan como guía, pero algunos de tus clientes van a tener aversión al riesgo. Querrán pensárselo durante un tiempo.

Entonces, ¿cómo podemos ayudarlos a dar ese paso arriesgado, sentirse más cómodos y pulsar el botón «comprar ahora»? Les daremos un plan.

Cuarto elemento del StoryBrand: el guía le da un plan

Los clientes no quieren adentrarse en lo desconocido. Por eso, aunque hayas identificado algo que desean, empatizado con sus problemas e incluso demostrado que puedes ayudarlos a resolver sus problemas, algunos seguirán sin comprar.

¿Por qué? Están en un punto en el que tienen que jugarse el pellejo, y eso es arriesgado.

Para ti, hacer una compra es el siguiente paso obvio. Ofreces una solución al problema del cliente, cuentas con experiencia ayudando a otros a resolverlo y a muchas personas les ha funcionado. Entonces, ¿por qué este cliente no hace un pedido?

Para tus clientes, sin embargo, la perspectiva es muy diferente. Es como si tu solución estuviera al otro lado de un río caudaloso y a unos cuantos pies río abajo escucharan el agua caer en una cascada. Si intentan cruzar ese río, podrían resbalar y caer, golpearse la cabeza con una roca y flotar hasta que la corriente los arrastre al borde del precipicio.

Eso es absurdo, por supuesto. No hay peligro en comprar tu producto. Tú y yo sabemos que funciona. Pero el cliente no. Para nosotros, es algo seguro. Para ellos, es un riesgo.

¿Qué haces para que el cliente confíe en que no malgastará su dinero? Colocas grandes piedras en ese río, que actúen como peldaños. Cuando el cliente vea que hay un camino claro para cruzar el río, será mucho más probable que haga un pedido.

Todos hemos experimentado lo que es querer comprar algo y no atreverse a apretar el gatillo. Lo que necesitamos ofrecerle al cliente son pasos cortos. Las piedras que colocarás en el río representan un plan de tres o cuatro pasos. Cuando das a tu cliente un plan de tres o cuatro pasos, es mucho más probable que haga un pedido.

Que conste que los planes de tres pasos funcionan bien; los de cuatro, casi igual de bien; los de cinco, apenas funcionan. Un plan existe para que el cliente sepa que el trayecto desde su problema hasta tu solución será fácil. Cuando incluyes cinco o más pasos, en realidad estás comunicando que el viaje es difícil. Mantén el plan fácil y tu cliente se sentirá seguro y cómodo para empezar a caminar hacia la compra.

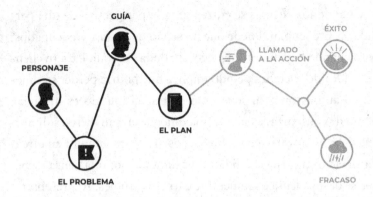

Por ejemplo, piensa qué pasaría si en lugar de sugerirle a un cliente que se lance a hacer una oferta por una casa, le dijeras: «Hagámoslo de forma segura. Pongámonos en contacto con el banco para cerciorarnos de que cumples con los requisitos para la cantidad que necesitas y luego hacemos una oferta. Si la casa se valora al precio adecuado, puedes comprarla y mudarte».

¿Identificaste los tres pasos?

Una gran compra, como lo es una casa, tiene su riesgo. Si ofrecemos tres o cuatro pasos cortos a nuestros clientes, se sentirán más cómodos avanzando.

El producto que vendes no debe ser grande y costoso para beneficiarse de un plan. Puedes utilizar un plan de tres pasos para vender un par de zapatos: 1) Pide los zapatos, 2) Pruébatelos en casa, 3) Devuélvelos si no te quedan bien. Lo mismo al vender un servicio: 1) Apúntate a nuestro programa de mantenimiento de equipos de climatización, 2) Haz revisiones periódicas y sustituye los filtros, 3) No vuelvas a preocuparte por tu sistema de climatización.

Otra forma de ver el asunto es que el plan «despeja la niebla» del relato al que estás invitando a los clientes.

Cuando los clientes se enfrentan a la perspectiva de una pérdida, se preocupan. Puede que no sepan que están preocupados, pero cuando hay dinero en juego, sin duda lo están. Para tu cliente, la idea de hacer un pedido implica que podría perder su dinero, su autoestima, su sensación de que el mundo es un lugar digno de confianza, etcétera. Imagina que eres un héroe solitario que debe adentrarse en un bosque oscuro para cumplir su tarea. Ya en el bosque, tu visibilidad se ve limitada por una densa niebla que se desliza lenta e inquietante entre los árboles. Al presentarle un plan al cliente, básicamente «despejas la niebla» para que pueda ver mucho mejor el terreno por el que va a aventurarse.

Los clientes podrán ver más lejos en el bosque si desglosas el proceso en tres o cuatro fases. Por ejemplo, un asesor financiero en lugar de proponer: «Reunámonos y hagamos un plan para tu futuro», podría decir: «Trabajo con los clientes en tres fases. Primero evaluamos cuáles son tus objetivos. Luego, elaboro un plan para ti. Si decides seguir adelante, trabajamos juntos para ejecutar ese plan».

Un plan de tres pasos como este, en esencia, le muestra al cliente cómo será el futuro si trabaja contigo, disipando la niebla.

Cuando un cliente navega por tu sitio web y se interesa por hacer un pedido, es el plan el que dice que comprar es sencillo, seguro y fácil. Incluir un plan en tu página de destino, en tus correos electrónicos y en tus presentaciones de ventas hará que un mayor porcentaje de personas realice un pedido.

Programa una
llamada gratuita

Obtén un plan
hecho a tu medida

Haz crecer
tu negocio

¿Has entrado alguna vez en un concesionario CarMax? El gigantesco concesionario incluye planes de tres pasos para todo, desde comprar un auto hasta venderlo, o para comprar una garantía automotriz. Estos planes proporcionan un mapa mental que los clientes deben seguir para resolver su problema.

RESPONDE A ESTA PREGUNTA: ¿Cuáles son los tres o cuatro pasos que deben dar tus clientes para comprar tu producto y resolver su problema?

_____

_____

Cuando utilizas este plan de tres pasos en tu material de marketing, tus ventas aumentan.

Ahora que nuestro cliente está preparado para hacer un pedido y le hemos dado un camino claro y sencillo, animémoslo a dar un paso. ¡Llamémoslo a la acción!

Quinto elemento del StoryBrand: y lo llama a la acción

En este punto de la historia, a la que hemos invitado a los clientes a sumarse, ya ellos están preparados para hacer un pedido. Algunos incluso pueden estar tan emocionados que te llaman y preguntan cómo podrían adquirir tu producto o servicio. Sin embargo, muchos clientes no lo harán. Esperarán a que tú les pidas que hagan el pedido. Si no lo haces, se marcharán deseando que lo hubieras hecho, porque de verdad querían darte su dinero a cambio de la solución que tenías para su problema.

Es un fenómeno extraño, estoy de acuerdo, pero es un fenómeno, al fin y al cabo: la gente no tiende a hacer cosas a menos que se lo pidas. Y hacer una compra es una de esas cosas.

¿Y qué haces al respecto? Llamar a tus clientes a la acción con seguridad.

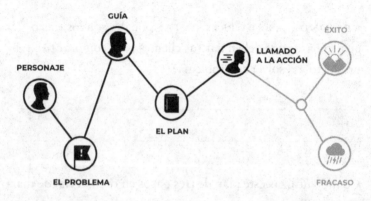

En las historias, los héroes suelen aletargarse. A fin de cuentas, no pidieron formar parte de ellas. Recuerda que están mal equipados, llenos de dudas y necesitan ayuda. Solo quieren que el caos termine para poder volver a la comarca, donde la vida es cómoda.

A menudo, los guías tienen que desafiar a los héroes a actuar para ayudarlos a resolver su problema. Abandona la comarca. Escala la montaña. Lanza el puñetazo. Ve y conquista el corazón de la persona a la que amas. ¡Ponte en marcha!

¿Qué significa esto para nuestra pequeña empresa? Significa que tenemos que llamar a nuestros clientes a la acción. Tenemos que decirles que ha llegado el momento de hacer un pedido.

En términos de nuestro material de marketing, esto significa que debe haber un botón que diga «compra ahora» en nuestro sitio web. En realidad, debería haber muchos botones de «compra ahora» y deberían estar distribuidos en cada sección de nuestro sitio web. Deben ser botones brillantes y llamativos. Los botones de «comprar ahora» deberían ser los botones más evidentes para pulsar en tu sitio web.

Piensa en el botón «compra ahora» de tu sitio web como si fuera una caja registradora. En una tienda física, jamás esconderías la caja registradora. Querrías que los clientes supieran adónde llevar su selección para poder comprar. Lo mismo ocurre en tu sitio web. Haz que tus cajas registradoras sean fáciles de encontrar, clicar y utilizar.

Aunque no digan «compra ahora», los botones deberían decir algo directo, como «programa una cita» o «llama hoy».

A muchos líderes de pequeños negocios no les gusta ser insistentes cuando se trata de comercializar sus productos y servicios, pero te aseguro que muy pocos dueños de pequeñas empresas dan la impresión de ser insistentes. Es más, la mayoría comete el error contrario: son demasiado pasivos en sus llamados a la acción. Cuando utilizamos un lenguaje como «comienza» o «más información», pareciera que no creemos lo suficiente en nuestros productos como para animar a los clientes a hacer un pedido.

Un cliente quiere saber que crees en tu producto y que estás seguro de que puede resolver su problema.

En nuestro material de marketing, demos a los clientes algo que puedan aceptar o rechazar. Llamémoslos a la acción. Pidámosles que compren.

RESPONDE A ESTA PREGUNTA: ¿Cuál será el principal llamado a la acción en tu sitio web y en tu material de marketing?

_____

_____

Cuando incorpores llamados claros a la acción en tu material de marketing, tus ventas aumentarán aún más.

Ahora que hemos incluido en nuestro material de marketing llamados a la acción sólidos, concluyamos la historia sumando una apuesta.

Para que la historia a la que invitas a tus clientes sea interesante, estos deben saber lo que pueden ganar o perder si hacen o no un pedido. Cuando comunicamos a los clientes lo que obtendrán o lo que les costará si no nos compran, es muchísimo más probable que hagan un pedido.

¡Una buena historia necesita algo de riesgo!

Sexto elemento del StoryBrand: para que el héroe pueda evitar el fracaso

Una buena historia necesita que algo esté en juego. Algo debe ganarse o perderse en función de si el héroe cumple o no la tarea que tiene entre manos. ¿Se casará el héroe con su amada o se casará ella con el hermano malvado y lo hará vivir con el corazón roto para siempre? ¿Ganará el abogado el caso y conseguirá justicia para todo el pueblo o esa gente seguirá sufriendo?

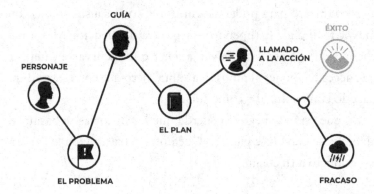

En una historia, a menudo se le recuerda al público lo que el héroe puede ganar o perder si actúa o no. Queremos hacer lo mismo en nuestro marketing.

Con el fin de añadir interés a la historia, crearemos píldoras de comunicación para dos categorías: el fracaso y el éxito. Si el cliente no compra nuestro producto o servicio, su historia acabará en fracaso; si lo hace, terminará en éxito.

En esta sección de nuestro Guion de Marca, queremos convertir en un tema de conversación aquello que estamos ayudando a que evite nuestro cliente. A las personas las motiva evitar la incomodidad tanto o más que buscar la comodidad. Recuerda que los seres humanos somos solucionadores de problemas y siempre intentamos averiguar cómo evitar la frustración y el dolor. Cuando les recordamos que nuestro producto los aleja de la frustración y el dolor, los clientes se sienten más motivados para comprar.

¿El colchón que vendes ayuda a los clientes superar sus dolores de espalda? Asegúrate de decírselo o, mejor, escríbelo en el cartel que se exhibe junto al propio colchón o en el texto descriptivo de tu sitio web. ¿El auto que vendes tiene un acceso muy abierto al asiento trasero para poder asegurar a los niños a sus sillitas con mayor facilidad? Estupendo. Asegúrate de mencionarles a tus clientes que en otros autos van a tener que encorvarse cada vez que necesiten poner al niño en la sillita, pero que con este podrán hacerlo con facilidad y comodidad.

Lo que está en juego. Recuerda que las historias se basan en algo que se gana o se pierde. ¿Qué dolor o frustración le evitará tu producto a tu cliente?

LAS PREGUNTAS QUE NECESITAS RESPONDER PARA PROPICIAR LOS TEMAS DE CONVERSACIÓN ADECUADOS EN ESTA SECCIÓN SON:

¿Qué consecuencia negativa les ahorrará mi producto a mis clientes?

_____

_____

¿Qué les seguirá sucediendo a las personas si no compran mi producto o servicio?

_____

_____

Cuando comuniques en tu material de marketing lo que tus clientes pueden perder, aumentarán los pedidos.

Las personas se sienten impulsadas a evitar las consecuencias negativas, así que incluir estas píldoras de comunicación en la narrativa de nuestra marca va a crear una sensación de urgencia. Pero definitivamente no queremos dejarlas en la incertidumbre.

La gente también se siente atraída por las cosas increíbles, positivas y maravillosas que le ocurrirán si compra nuestro producto o servicio.

El último elemento del Esquema StoryBrand invita a tus heroicos clientes a una vida mejor en la que sus problemas se resuelven.

Séptimo elemento del StoryBrand: y alcanzar el éxito

En un relato, querrás proyectar una visión para tu cliente potencial que responda a la pregunta: «¿Qué gano yo?».

Todo héroe busca para su historia un final del tipo «fueron felices para siempre», y aunque los increíbles beneficios de comprar tu producto parezcan obvios para ti, recordemos que no necesariamente lo serán para tu cliente.

Para completar la historia a la que invitamos a los clientes tenemos que contarles todo lo maravilloso, poderoso y positivo que les ocurrirá si adquieren nuestro producto o servicio.

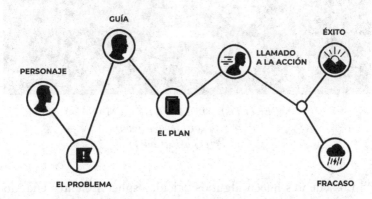

Cuando hablas sobre las repercusiones positivas que experimentarán los clientes al utilizar tu producto, con tan solo emplear palabras añades un enorme valor económico percibido a tus productos. Por ejemplo, en nuestros talleres mostramos el encabezado de un sitio web de una pequeña empresa que vende una bicicleta eléctrica. La bicicleta cuesta 3 000 dólares. Es un precio bastante elevado. Entonces, ¿de qué manera el dueño de la empresa consigue que la bicicleta parezca una gran oferta? Empieza a enumerar todas las cosas estupendas que pasan cuando la compras, tales como:

- Ahorrarás dinero en gasolina.
- No vas a quedarte atascado en el tráfico.
- Tendrás la oportunidad de disfrutar del aire libre.
- Participarás en la conservación del medio ambiente.
- Te convertirás en el líder de la manada.

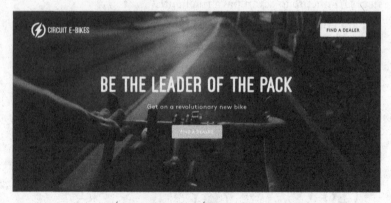

CONVIÉRTETE EN EL LÍDER DE LA MANADA
Súbete a una bici revolucionaria
Encuentra un distribuidor

Los clientes hacen algunos cálculos subconscientes cuando leen en tu sitio web todo el valor que van a obtener. Esencialmente, comparan el precio del producto con el valor que obtendrán y cuanto más valor obtengan, más atractivo será el precio del producto.

Así como lo lees: puedes cambiar el valor percibido de los productos que vendes utilizando solo palabras.

Piénsalo. La bici cuesta $3 000, pero te ahorrarás parte de esa cantidad en el costo de la gasolina. Además, yo pagaría al menos $1 000 para no tener que volver a quedarme atrapado en el tráfico, lo que significa que la bici vale en realidad $4 000, pero solo estoy pagando $3 000. También podré disfrutar del aire libre, lo que significa que estoy obteniendo un valor de $5 000 por solo $3 000. Pero espera. También salvaré al medio ambiente. ¡Pum! Eso suma aún más al valor percibido. Además, consigo ser el líder del grupo y que me vean como un pionero con visión de futuro. Eso es un gran valor. A fin de cuentas, tengo la sensación de que esta bici vale mucho más que $3 000; podría valer hasta $6 000 o $7 000 por la forma en que cambiaría mi vida. De repente, $3 000 parecen una ganga. Y añadimos todo ese valor percibido solo con plantear los beneficios que hay en juego en nuestro Guion de Marca.

De nuevo, cuando incluyes todas las cosas maravillosas que le ocurrirá a la gente si adquiere tu producto o servicio, estás añadiendo valor percibido al propio producto, y cuando añades valor, es mucho más probable que la gente haga un pedido.

Mostrar lo que está en juego importa. Todas las historias se dirigen hacia un final feliz o triste. Cuando vemos una película, esperamos que el héroe gane la carrera, desarme la bomba o consiga el ascenso. Esperamos estas cosas porque el narrador ha presagiado cuál será el final feliz si el héroe supera su reto.

Al igual que en una película, debes seguir presagiando cómo

sería la vida de tu cliente durante todo el tiempo que esté considerando tus productos.

Asegúrate de incluir una lista de los aspectos positivos y asombrosos que tu cliente experimentará si compra tu producto o servicio. Si lo haces, los clientes empezarán a avanzar hacia ese final feliz y tendrán que comprar tu producto o servicio para que el desenlace se haga realidad.

PARA AYUDAR A LOS CLIENTES A IMAGINAR CÓMO PUEDES MEJORAR SUS VIDAS HAZTE LAS SIGUIENTES PREGUNTAS:

¿Cómo será la vida de mi cliente si compra mi producto o servicio?

_____

_____

¿Qué ventajas aportará mi producto o servicio que añadan valor a la vida de mi cliente?

_____

_____

Cuando proyectas una imagen de las cosas buenas que experimentará tu cliente al comprar tus productos, aumentas el valor percibido de esos productos y tus pedidos se incrementan.

Ahora que has dado a tus heroicos clientes una visión de cómo podría ser su vida, has completado el proceso de invitarlos a entrar en una historia. Esa es una buena noticia. Los seres humanos estamos preprogramados para participar en historias. Nuestras mentes están todo el tiempo intentando organizar los datos aleatorios que percibimos a diario mediante una narración con sentido. Cuando organizas el mensaje de tu marca utilizando los elementos del relato, tus clientes no tienen que pensar tanto para comprender de qué modo puedes cambiar sus vidas.

Ahora que ya conocemos las siete categorías de píldoras de comunicación, hablemos de qué hacer con ellas para que tu marketing genere la mayor propulsión posible.

Esclarece tu mensaje creando un Guion de Marca StoryBrand

Utiliza un Guion de Marca StoryBrand para crear tus siete categorías de temas de conversación. Un Guion de Marca te permite organizar tus pensamientos, esclarecer tu mensaje e invitar a tus clientes a una historia increíble en la que utilizan tus productos o servicios para resolver sus problemas.

Al final de este libro, en tu Plan de Vuelo para Pequeñas Empresas, encontrarás un Guion de Marca StoryBrand para rellenar.

Así se ve un Guion de Marca:

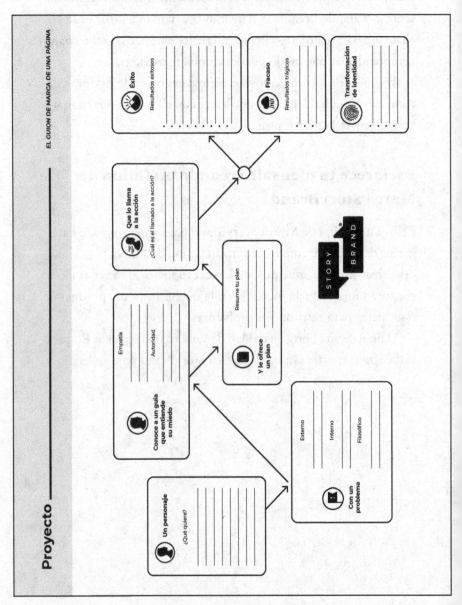

Accede a una versión digital rellenable en SmallBusinessFlightPlan.com

Utiliza el nuevo mensaje en tu material de marketing

Tu nuevo mensaje puede utilizarse en todo tu material de marketing, incluyendo las páginas de inicio, los generadores de clientes potenciales, los correos electrónicos y hasta en conversaciones informales.

Los principios básicos del Esquema StoryBrand son sencillos:

1. Reduce tu marketing a una serie de píldoras de comunicación replicables.
2. Utiliza esas píldoras de comunicación en tu página de inicio y en todo tu embudo de ventas.

Una vez que renueves tu material de marketing utilizando tu nuevo y claro mensaje, tus clientes responderán y tus ingresos deberían aumentar.

Ahora que tu motor derecho está andando, vamos a encender el izquierdo: Ventas. Aunque emprendas en solitario, tu avión surcará los cielos mucho más rápido si aprendes a vender. Demos el tercer paso.

Antes de leer este capítulo, acepta el siguiente reto:

Algunas ofertas de ventas funcionan y otras no. ¿Por qué será? De hecho, lo sabemos. Las ofertas o discursos de venta que funcionan son sin duda diferentes. Algunas son divertidas, otras son serias; algunas vienen de visionarios carismáticos y otras son pronunciadas fríamente por profesionales aburridos. Sin embargo, lo que comparten sin excepción todas las ofertas que funcionan es que invitan a los clientes (o votantes o partes interesadas) a participar en una historia en la que ellos son los héroes y utilizan tu producto para resolver un problema en su vida.

Si quieres elaborar una oferta de venta que cierre acuerdos (las llamamos «ofertas de venta millonarias» porque pueden hacer que cualquier pequeña empresa facture millones), debes incluir cinco elementos clave de la historia y hacerlo en un orden muy preciso.

Incluimos en este capítulo algunos símbolos para ilustrar mejor cómo funciona una oferta de este tipo. Además, el borde de las páginas es de un color diferente; esto es para llamar la atención de los lectores en caso de que quieran comenzar por aquí. Si es así, ¡estupendo! Puede que al aceptar el reto de utilizar este esquema para aumentar tus ingresos te conviertas en un creyente de los otros cinco esquemas que también harán crecer tu pequeña empresa.

Si tienes o diriges una pequeña empresa, es posible que conocer este esquema sea el factor más importante para hacer que tu motor izquierdo funcione con potencia.

Si tienes un equipo de ventas, asegúrate de que todos sus miembros conozcan el esquema «El Cliente es el Héroe» y lo utilicen en sus conversaciones de ventas, correos electrónicos de seguimiento y propuestas.

Este capítulo es especial. Si necesitas dinero para mantener tu negocio a flote, estudia este esquema y conseguirás más ingresos.

Desafíate a enviar un correo electrónico de seguimiento a cada persona con la que tú o tu equipo de ventas mantengan una conversación de ventas, utilizando el esquema que voy a presentarte.

Los correos electrónicos de seguimiento son esenciales, por supuesto, y casi todo el mundo los envía. Pero lo hacen mal. Lo que tu cliente necesita es una explicación diáfana del apuro en que se encuentra y cómo puede superarlo si utiliza tus productos. Si eres claro, será tuyo.

El mero hecho de utilizar este esquema para enviar correos electrónicos de seguimiento podría aumentar significativamente tus ingresos y conseguirte el dinero necesario para operar y hacer crecer tu negocio.

Antes de leer este capítulo, comprométete a lo siguiente: tú y tu equipo de ventas utilizarán este esquema para enviar correos electrónicos de seguimiento a todas las personas con las que mantengan una conversación de ventas.

Comprométete a utilizar desde hoy mismo el esquema «El Cliente es el Héroe» para enviar correos electrónicos de seguimiento y verás cómo aumentan tus ingresos. ¡Salud por tus resultados!

3

Ventas

PASO 3:
El motor izquierdo

Crea una oferta de venta millonaria

El Paso 3 te ayudará a resolver estos problemas:

- Odias vender, pero sabes que necesitas hacerlo para expandir tu negocio.
- Te sientes inseguro al pedir el dinero.
- Tu marketing y tus ventas no están alineados.
- No sabes cómo escribir un correo electrónico de ventas que cierre negocios de inmediato.
- Sigues representando al héroe en las conversaciones de venta y no funciona.
- Los clientes potenciales no confían inmediatamente en tu empresa.
- Tus propuestas son ignoradas.

- Tienes problemas para enseñar a los miembros de tu equipo cómo vender.
- Necesitas más ventas y las necesitas ahora.

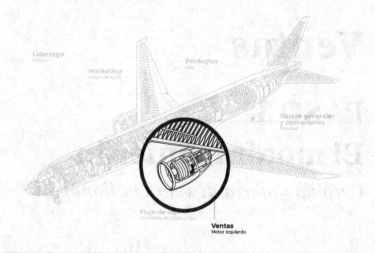

Ventas
Motor izquierdo

· · ·

Ahora que el motor derecho de nuestro avión está generando propulsión, podemos utilizar el mismo esquema narrativo para encender el motor izquierdo. Cuando añades un componente de ventas a tu avión, duplicas la potencia que te impulsa por el aire.

Durante años, algunos propietarios de pequeñas empresas nos han pedido que implementemos nuestro Esquema StoryBrand en el área de ventas. Esta es la primera vez que compartimos nuestro esquema de ventas con empresarios y líderes como tú.

Todo propietario de una pequeña empresa y todo ejecutivo de cuentas o representante de ventas debería poder elaborar una oferta de venta millonaria. Con una «oferta de venta millonaria» me refiero a una oferta o discurso de ventas que puedas utilizar una y otra vez para ganar un millón de dólares, sin importar el tamaño de tu negocio. Si sabes cómo elaborar una oferta de venta excelente, podrás generar ingresos millonarios para tu pequeña empresa.

Si tienes un equipo de ventas, querrás que todos comprendan el Paso 3. Una vez que tu equipo aprenda a elaborar una oferta de venta millonaria, la interacción de los clientes con tu marca será más positiva y aumentarán las ventas.

De hecho, al final de este paso te retaré a que utilices el esquema para escribir una carta de ventas que pagará con creces el dinero y el tiempo que has invertido en este libro.

Muy pocos de quienes dirigimos o tenemos una pequeña empresa nos consideramos vendedores, pero lo cierto es que todos debemos vender. Debemos hablar de nuestros productos de manera tal que los demás entiendan cómo podemos resolver sus problemas, o nuestro avión se estrellará.

No te preocupes si no te gusta vender. El Esquema de Ventas «El Cliente es el Héroe» te enseñará a dejar de pensar en vender y, en su lugar, a elaborar un discurso que invite a los clientes a participar en una historia.

Entiendo que odias vender, pero dediquemos un momento a cambiar nuestra perspectiva sobre las ventas. En lugar de intentar engañar o manipular a la gente para que compre nuestro producto, expliquemos simplemente cómo le resolverá sus problemas y dejemos que los clientes decidan si quieren comprarlo o no.

La gran dificultad cuando nos aborda un vendedor es que sentimos que no está siendo del todo honesto con nosotros. Esa interacción puede despertar la sensación de que el vendedor con el que hablamos solo quiere nuestro dinero. La relación parece transaccional e inauténtica, y eso nos molesta.

Hace varios años, por ejemplo, mi esposa y yo fuimos a un concesionario a comprarle un auto. Pasamos horas allí, revisando el inventario, probando autos y, finalmente, regateando el precio. El proceso duró tanto que incluso me fui y volví con la cena para los tres: mi esposa, el vendedor y yo. Pero me pareció bien, porque al final del proceso, el vendedor nos hizo un descuento de 10 000 dólares por el auto que queríamos. Tuvo que consultarlo cinco veces con su jefe y hacer unos cálculos, pero conseguimos cerrar el trato. No podía estar más contento, hasta que mi esposa y yo llegamos a casa y nos sentamos en el sofá a apagar el cerebro y ver la televisión. Uno de los primeros anuncios que apareció en la pantalla era de aquel concesionario; no estoy bromeando. El anuncio proclamaba de forma odiosa que cualquiera que entrara por la puerta obtendría 10 000 dólares de descuento en un auto nuevo.

Me sentí utilizado, manipulado y tonto. Mi mujer se limitó a soltar una risita. «Ha sido muy amable de tu parte invitarlo a cenar», dijo dándome una palmada en la rodilla.

Entonces, ¿cómo evitamos que la gente se sienta utilizada o manipulada? Fácil. No utilices ni manipules a la gente.

En lugar de venderle algo a alguien, invitémoslo a ser parte de una historia sincera en la que esta persona es capaz de resolver un problema utilizando los productos que vendemos.

Cuando estoy en una conversación de ventas, no dedico ni un segundo a tratar de convencer al cliente de que compre algo. En cambio, enfoco toda mi energía en una sola pregunta: ¿Tiene este cliente un problema que mi producto pueda resolver? Si lo tiene, le hablo de mis productos. De lo contrario, no le vendo nada.

De hecho, más de una vez he disuadido a un cliente potencial que quería comprar mi producto. Sinceramente, no creía que este fuera a funcionar para él y, como dueño de una pequeña empresa, no puedo permitirme tener un solo cliente insatisfecho con mi producto. Los clientes insatisfechos no tardarán en estrellar tu avión. Haz todo lo que puedas para evitar venderles productos a personas que no los necesitan; créeme.

Este compromiso tiene sus ventajas. Cuando en lugar de intentar convencer a las personas de que necesitan algo, tratamos de averiguar si tienen un problema que nuestros productos pueden resolver, aumentarán tanto la conversación de ventas como la satisfacción del cliente (junto con el boca a boca que se difunde sobre ti y tus productos). Esto equivale a una oferta de venta millonaria. Y mucho más.

De verdad es posible explicar lo que ofrecemos, resolver los problemas de los clientes y hacer que nuestra compañía crezca sin parecer deshonestos o dejar una impresión negativa.

Sin embargo, para lograrlo debemos comprender el siguiente gran cambio de paradigma: en lugar de enzarzarnos en conversaciones de ventas agotadoras y manipulativas en las que intentamos convencer al cliente de que compre algo, convirtámoslo en el héroe e invitémoslo a participar en una historia donde lo ayudamos a resolver un problema.

Como sabes, hicimos esto mismo con nuestro marketing. El Esquema StoryBrand te ayudó a idear píldoras de comunicación fijas que puedes emplear en el material de marketing. Pero esa parte es fácil: simplemente creas las píldoras de comunicación, las pones en sitios web y en correos electrónicos automatizados, y las dejas reposar ahí durante años.

Las ventas, en cambio, son dinámicas. Las conversaciones de ventas ocurren durante el almuerzo, a través de mensajes de texto y en llamadas de Zoom. Con el Esquema de Ventas «El Cliente es el Héroe» aprenderemos realmente a pensar en clave narrativa.

Los líderes empresariales, políticos y religiosos más destacados han sido todos vendedores excepcionales. De hecho, creo firmemente que Richard Branson, la Madre Teresa, Oprah Winfrey, Mahatma Gandhi, Winston Churchill y casi cualquier otro líder que admires conoce el Esquema de Ventas «El Cliente es el Héroe» de manera intuitiva. Y cuanto más lo utilices, más influencia, impacto y éxito en las ventas puedes tener. ¿Intentaban ellos vender? No. Trataban de resolver los problemas de la gente.

Entonces, ¿cómo hacemos esto sin esfuerzo y de forma natural? Utilizamos un sistema de símbolos que nos enseñará a conducir una conversación de modo que sea útil para cada uno de los clientes que nos encontremos.

El Cliente es el Héroe: el esquema de ventas para quienes necesitan vender

Al mantener una conversación cara a cara con un cliente o responder a una consulta por correo electrónico, ¿cómo pensamos en clave narrativa?

La clave de toda buena conversación de ventas está en comprender que la historia no trata de nosotros. No necesitamos gastar ni un solo segundo convenciendo a la gente de lo estupendos que somos. Ya sea que estemos almorzando con un posible cliente, en una llamada telefónica o escribiendo un correo electrónico de seguimiento, debemos tener presente que nuestro cliente es el héroe de un relato, y que está intentando activamente resolver un problema. Si los tenemos a ellos y su historia en mente cada vez que hablamos, podremos guiarlos mejor hacia una compra que, a su vez, resuelva su problema y complete su historia.

Esto significa que deberíamos interesarnos mucho más en averiguar si la persona con la que estamos interactuando tiene un problema que podamos resolver, en lugar de intentar convencerla de comprar un producto que quizá no necesite.

Sin importar el tamaño de tu empresa, tus conversaciones se hacen mucho más interesantes para los clientes potenciales cuando piensas en clave narrativa.

Steve Rusing, vicepresidente sénior de Ventas en Tempur Sealy International, la compañía de colchones más grande del mundo, me contó que, tras aprender a convertir al cliente en el héroe, su equipo y él dejaron de «venderles» sus productos a los socios minoristas y, en cambio, se reunieron con ellos para conocer los objetivos de cada una de sus tiendas. Una vez que comprendieron lo que sus socios minoristas querían conseguir, los ayudaron a posicionar productos de Tempur Sealy para alcanzar esos objetivos.

Steve me dijo que sus socios minoristas nunca habían tenido una compañía de colchones que les preguntara cuáles eran sus objetivos o qué estaban intentando lograr con sus tiendas. Lamentablemente, las tiendas de colchones estaban más acostumbradas a que las compañías las «utilizaran» para cumplir sus metas de ventas en lugar de colaborar con el minorista para comprender y alcanzar sus propios objetivos. Cuando Tempur Sealy averiguó lo que quería el héroe e ideó una campaña para ayudarlo a alcanzar sus objetivos, las ventas de todos aumentaron.

Los dueños de negocios venden más cuando comprenden que el cliente es el héroe y lo tratan como tal. Y hacen esto sin vender. Todo esto puede parecer complicado, pero no lo es. Para pensar en clave narrativa, lo único que tienes que hacer es pensar de manera gráfica.

Esto es lo que quiero decir.

Hace mucho tiempo, una empresa de banda ancha me llamó para preguntarme si podía asesorar a su equipo de ventas. Les costaba cerrar tratos porque se complicaban describiendo todas las capacidades técnicas de sus productos. A menudo los clientes se quedaban viéndolos con la mirada perdida, como si les hubieran presentado un complicado acertijo matemático en lugar de una solución a su problema. Para ayudar a hacer que el cliente fuera el héroe, me pidieron que revisara algunos de sus materiales de venta.

La primera pieza que querían que examinara era una propuesta de dos páginas que, de ser aceptada, daría lugar a una venta millonaria. Parecía eficiente, pero le faltaba algo. Una historia. La propuesta explicaba claramente lo que incluiría el paquete de productos que el cliente podría necesitar, pero era muy lineal. No era interesante.

Le expliqué al equipo de ventas cómo funciona una oferta de venta que invita al cliente a entrar en una historia, y que una historia trata casi siempre de un héroe que supera un problema para tener una vida mejor. Estábamos reunidos en Zoom, así que compartí mi pantalla y empecé a utilizar diferentes convenciones de color para deconstruir la propuesta.

—Cualquier texto que describa el problema del cliente lo resaltaré en rojo —dije—. Cualquier texto que hable de la vida que van a poder experimentar si compran su producto, lo resaltaré en azul —continué—. Las partes en las que hablen de sus productos, las resaltaré en morado.

—Entendido —dijeron. Entonces empecé a leer el documento en voz alta, subrayándolo a medida que avanzaba. Se quedaron asombrados cuando terminé. El documento estaba cubierto de un solo color: morado.

Lo único que habían hecho en la propuesta era hablar de sí mismos y de sus productos, en lugar de presentarlos como herramientas que el cliente podría utilizar para resolver sus problemas y vivir feliz para siempre. Era todo lo contrario de una oferta de venta millonaria.

Fue fácil arreglar la propuesta para hacer que honrara al cliente como héroe. Simplemente escribimos al principio unas frases que identificaban el problema del cliente (rojo) y luego añadimos unas al final que describían cómo sería la vida del cliente si aceptaba la propuesta (azul).

Después de codificar la propuesta con colores, pudimos visualizar claramente que habíamos invitado al cliente a entrar en una historia. La propuesta empezaba con algo de rojo, fluía hacia el morado y terminaba con un toque de azul. Dicho de otro modo: la propuesta identificaba el problema del cliente, describía el producto como la solución a ese problema y pintaba la imagen de una vida mejor, algo posible una vez que se resolviera el problema del cliente. De repente teníamos una oferta de venta millonaria.

El equipo de ventas cerró el trato en gran parte porque convirtió al cliente en el héroe y lo invitó a participar en una historia.

Aquella sesión de consultoría fue tan útil que creé unas convenciones gráficas para que cualquiera de nosotros pueda tener excelentes conversaciones de ventas, escribir correos electrónicos magníficos y crear mejores propuestas. Incluso nos enseñarán a pensar en clave narrativa cuando estamos en una conversación informal.

Desde aquella reunión con la compañía de banda ancha, he añadido algunos elementos más a la historia y los he codificado gráficamente para que con una mirada rápida puedas visualizar si estás invitando o no al cliente a participar en una historia sólida. Aunque generalmente utilizo colores, como este es un libro a blanco y negro, vamos a emplear figuras; siéntete libre de usar colores en tus documentos si resulta más fácil para ti. Este sistema de símbolos es similar al Esquema StoryBrand de marketing, pero como el Esquema de Ventas debe ser activo y fluido, lo he simplificado.

Piensa en el Esquema de Ventas «El Cliente es el Héroe» como si se tratara de acordes de guitarra. Cada figura representa un acorde diferente que puedes usar para crear todas las canciones que quieras. Una vez que conoces los acordes, estás listo para crear arte. Si te aseguras de que en un documento o conversación haya varias figuras (o colores) representadas, el cliente oirá la música y será capaz de identificar claramente la historia a la que lo estás invitando.

De hecho, si quieres vender más de tus productos, toma cada uno de ellos (o al menos los más vendidos) y elabora una carta de ventas utilizando las convenciones del Esquema de Ventas «El Cliente es el Héroe» (colores o símbolos). Pero no te limites a una carta de ventas. Utiliza esos mismos puntos en tus conversaciones de ventas, presentaciones y discursos de ascensor: serán tu as bajo la manga para cerrar más ventas.

Cualquier emprendedor que piense en clave narrativa tendrá el equivalente a un motor a reacción atado al ala izquierda de su negocio. Si tu equipo de ventas es capaz de pensar en clave narrativa, tu avión avanzará con mucha más propulsión. No hay duda de que las ventas aumentarán.

Así lucen los símbolos de «El Cliente es el Héroe»:

El problema del cliente: ● círculo (o color rojo)

Tu producto posicionado como la solución: ■ cuadrado (o color púrpura)

El plan de tres o cuatro pasos: ▲ triángulo (o color marrón)

La consecuencia negativa que le evitas al cliente: ◆ rombo (o color amarillo)

El resultado positivo que experimentará tu cliente: ♥ corazón (o color azul)

Tu llamado a la acción: ★ estrella (o color verde)

Si logras incluir dos o más figuras en una interacción con el cliente (un correo electrónico, una propuesta, una conversación durante el almuerzo), estarás invitándolo a participar en una historia y será mucho más probable que preste atención. Si puedes incluir tres o cuatro, mejor. Si puedes incluir las seis, acabas de elaborar una oferta de venta millonaria sin pensar siquiera en vender.

La clave es que todo esto se convierta en algo tan natural que pienses en clave narrativa de forma intuitiva.

¿Cómo invitar a un cliente a participar en una historia?

Supongamos que estás en un cóctel y conoces a dos personas que realizan exactamente el mismo trabajo: tienen el mismo tipo de pequeña empresa, que ofrece el mismo servicio, con la misma calidad y al mismo precio.

Estás hablando con la primera persona y le preguntas a qué se dedica. Te responde: «Soy chef a domicilio. Voy a tu casa y cocino».

Es probable que esa persona te resulte interesante y empieces a preguntarle cómo llegó a dedicarse a la cocina. Quizá quieras saber dónde estudió o cuáles son sus restaurantes favoritos de la ciudad. Entablarías una conversación informal y probablemente disfrutarías de la interacción, pero es poco probable que consigas su número y le preguntes si puede o no cocinar para ti. De hecho, jamás se te ocurriría que un chef a domicilio podría ser exactamente lo que tú y tu familia necesitan.

Más tarde, estás hablando con la segunda persona sobre lo que hace y te das cuenta de que responde diferente. «Tú sabes que la mayoría de las familias ya no comen juntas. Y cuando lo hacen, la comida no suele ser saludable. Yo soy chef a domicilio. Voy a tu casa y cocino para que tú y tu familia puedan conectarse mientras disfrutan de una excelente comida y, cuando acaban, ni siquiera tienen que preocuparse de limpiar».

¡Esa sí que es una forma completamente distinta de responder a la pregunta! Un chef que podrías plantearte contratar porque te invitó a participar en una historia.

¿Cuál es la historia? La historia es sobre ti, el padre o la madre héroe que contrató a un chef a domicilio para poder conectarse mejor con su familia durante la cena. Cuando escuchas esa historia, es mucho más probable que quieras vivirla. ¿Qué tienes que hacer para vivir esa historia? Contratar a esa persona para que sea tu chef a domicilio.

¿Cómo utilizar los símbolos de El Cliente es el Héroe para vender?

Desglosemos los símbolos de El Cliente es el Héroe para analizar cómo funciona esta metodología narrativa.

Identificar el problema del cliente: ● *círculo (o color rojo)*
Si fueras a incluir una sola figura en tu conversación, querrías que fuera el círculo. El texto que este representa describe el problema que tiene tu cliente y contribuirá más a captar la atención de un posible cliente que cualquier otra figura.

El problema es el «gancho» de la historia. Antes de que nuestro héroe se encuentre con un problema, no prestamos demasiada atención; por eso, en las películas el héroe no tarda en meterse en líos. Tan pronto como se presenta el conflicto del héroe se abre un bucle narrativo en la mente del público: ¿será capaz el héroe de resolver este problema?

Lo mismo ocurre si abordamos el problema de nuestro cliente en una conversación de ventas. Al identificar su problema, se abre en su mente un bucle narrativo que, por supuesto, solo nuestro producto o servicio podrá cerrar (al resolver el problema). Dicho de otro modo: el cliente está enganchado.

Cuando mencionamos el problema que tiene nuestro cliente, este piensa: «¿Tienes una solución? ¿Me servirá tu solución?».

¿Por qué es tan importante el problema cuando mantenemos una conversación de ventas?

Los seres humanos somos máquinas de resolver problemas. Estamos programados para afrontar retos y superarlos. Incluso mientras veo a mi hija de diez meses que aprende a levantar una cuchara y a untarse comida de bebé en la cabeza, estoy observando a alguien dedicado a solucionar problemas iniciarse en su camino para resolver (y conquistar) los millones de desafíos divertidos y emocionantes que tiene por delante.

De hecho, a los seres humanos nos gusta resolver los problemas con tal ferocidad que, si no los tenemos, nos los inventamos. ¿Has estado alguna vez con alguien que disfruta de crear drama? ¿Por qué lo hace? Quiere un problema sobre el que hablar, opinar y que pueda manipular.

De nuevo, a los humanos nos fascina buscar problemas y luego resolverlos.

Por eso, nuestro cliente solo contemplará hacer una compra una vez que presentemos nuestro producto como una solución a su problema. Hasta que tu posible cliente no relacione tu producto con su problema, no pensará mucho en él. Por tanto, lo más importante que puedes hacer en ventas es hablar del problema de tu cliente. Cuando lo haces, ellos se interesan en saber más.

Veamos lo que dijo nuestro nuevo exitoso amigo el chef utilizando los símbolos narrativos de El Cliente es el Héroe.

● Tú sabes que la mayoría de las familias ya no comen juntas. Y cuando lo hacen, la comida no suele ser saludable...

¡Pum! Nada más empezar, y nuestro chef ya abre un bucle narrativo. Y da un paso adelante: en realidad, está calificando al cliente. Al decir: «Tú sabes que la mayoría de las familias ya no comen juntas...», está averiguando si la persona con la que habla tiene el problema que su producto resuelve. Si es así, la persona se acercará con atención para escuchar el resto de la frase; de lo contrario, puede limitarse a disfrutar de una conversación informal y seguir adelante. En ventas, tu principal objetivo es averiguar si la persona con la que hablas tiene el problema que resuelve tu producto. Sin presiones. Sin manipulación. Nada de conversaciones deshonestas y coercitivas.

La cuestión es la siguiente: empieza cada conversación de ventas identificando el problema de tu cliente.

Posiciona tu producto como la solución: ■ cuadrado (o color púrpura)

Cuando posicionas tu producto como la solución a un problema ocurre algo muy poderoso: el valor percibido de tu producto se dispara.

En la vida atribuimos valor a una cosa y solo a una: las soluciones. Un cardiocirujano es la solución a un problema potencialmente mortal, por lo que valoramos mucho a los cardiocirujanos. Un auto familiar seguro es la solución a la ansiedad que nos produce llevar a nuestros hijos en un vehículo peligroso. Un reloj Rolex es la solución al deseo de estatus.

Si somos sinceros, vemos incluso a nuestros seres queridos como soluciones a un problema. Mi mujer es una solución a mi soledad y a mis deseos de romance, familia y aventura. La valoro mucho porque es una salida maravillosa a lo que fácilmente podría haber sido un gran problema en mi vida. Incluso nuestros hijos son soluciones al deseo de nuestro corazón de encontrar sentido y a nuestra necesidad inherente de sacrificarnos por el otro y disfrutar de su compañía.

La cuestión es la siguiente: en una conversación de ventas, habla de tu producto como la solución a un problema y tus interlocutores valorarán más el producto en sí.

De hecho, siempre que empiezo a leer un libro de no ficción, mi mente corre para responder a una pregunta: ¿qué problema me va a ayudar a resolver este libro? Si no puedo responder a esa pregunta en unas pocas páginas, mi mente comienza a divagar y el libro acaba inevitablemente sobre mi mesita de noche, en la gran pila de libros sin leer.

Es muy sencillo: valoramos a las personas y las cosas que resuelven problemas. He aquí otra verdad: el valor percibido de un producto aumenta o disminuye en función de la gravedad del problema que resuelve. Cuanto más grave sea el problema, más valor le damos a su solución. Explicar con claridad cómo nuestro producto resuelve un problema es importante para el valor percibido de ese producto.

Volvamos a la respuesta de nuestro chef a la pregunta «¿A qué te dedicas?» para ver cómo vincula su servicio a la solución de un problema:

● **Tú sabes que la mayoría de las familias ya no comen juntas.**
Y cuando lo hacen, la comida no suele ser saludable.
■ **Yo soy chef a domicilio. Voy a tu casa y cocino...**

Cuando el chef abre con el problema que puede tener su cliente y de inmediato posiciona su producto como la solución, el oyente determina que su servicio es valioso. También abre y cierra un bucle narrativo:

● ¿Qué podemos hacer si ya no comemos juntos en familia?
■ Contratemos a este chef para que venga a nuestra casa y cocine.

En cierto modo, cuando abrimos nuestro bucle narrativo planteando el problema y luego nos ofrecemos a cerrarlo posicionando nuestro producto o servicio como la solución, invitamos a nuestro cliente a participar en una historia. Recuerda: una historia siempre trata de un héroe que quiere algo y debe superar un conflicto para conseguirlo. La historia de cómo su familia puede superar el reto de comer juntos al contratar a un chef a domicilio es una excelente historia a la que invitar a un cliente, si (y solo si) nuestro cliente potencial tiene el problema que hemos descrito.

Podemos limitarnos a seguir los dos primeros pasos del Esquema de Ventas «El Cliente es el Héroe» y aun así cerraremos más ventas. Si incluyes una o dos frases del primer tipo (●) y una o dos del segundo (■) en tus correos de ventas, propuestas, presentaciones e incluso como temas de conversación en charlas informales, sin duda cerrarás más ventas. Muchas más ventas. Pero aún no hemos terminado. Todavía hay otra figura que podemos añadir para invitar aún más a los clientes a participar en una historia.

Dale a tu cliente un Plan: ▲ triángulo (o color marrón)

En este punto de la historia a la que estás invitando a tus clientes, ellos ya saben que tienes una solución para su problema. Sin embargo, esta información no suele ser suficiente para hacer que realicen un pedido.

Como mencionamos al hablar del Esquema StoryBrand, la razón por la que es poco probable que tus clientes realicen un pedido es que hacerlo implica asumir un riesgo. Podrían perder su dinero. Podrían sentirse como tontos. Podrían descubrir que el producto o servicio no se ajusta a sus necesidades tal como pensaban. En resumen, hacer un pedido implica cambiar sus vidas de alguna manera, y la mayoría de las personas se resisten al cambio.

Veamos un poco más de cerca el momento de pausa y preocupación que experimenta un cliente en el recorrido de compra. Cuando un cliente se da cuenta de que tienes una solución a su problema, debe decidir si compra o no esa solución, así que, en este punto, puede sentir algo de disonancia cognitiva. La disonancia cognitiva se experimentará como confusión o incluso preocupación, pero él no sabrá exactamente la causa.

Imagina el viaje del cliente como una caminata por un bosque. En este punto del viaje, el sendero desciende repentinamente hasta convertirse en un río caudaloso. Al dar al cliente un plan, construyes de forma efectiva un puente entre su problema y tu solución. De nuevo, este puente se puede construir al incluir un plan de tres pasos que guíe al cliente a comprar tu producto y resolver su problema.

Por ejemplo, si nuestro amigo chef incluyera un plan de tres pasos en el relato al que invita a sus clientes, podría ser algo así:

● Tú sabes que la mayoría de las familias ya no comen juntas. Y cuando lo hacen, la comida no suele ser saludable.

■ Yo soy chef a domicilio. Voy a tu casa y cocino.

▲ Si lo quieres probar alguna vez, el proceso es sencillo. Hacemos una breve reunión de media hora en la que averiguo lo que le gusta comer a tu familia, qué alergias alimentarias existen, etcétera. Luego voy a tu casa y preparo

la cena. **Eso cuesta unos 100 dólares.** Luego, si quieres que
se convierta en algo habitual, decidimos cómo te gustaría
incluirme en el horario de tu familia.

¿Has visto el plan de tres pasos del chef? Primero, tiene una
reunión preliminar. Segundo, viene y prepara una comida. Tercero, firma un contrato.

Cuando ofrecemos un plan de tres pasos, es mucho más probable que nuestro cliente cruce el puente desde su problema hasta
nuestra solución.

El paso a paso que el chef le dio a su cliente tuvo dos efectos:

En primer lugar, redujo la sensación de riesgo. Probablemente
el cliente se habría interesado por el servicio basándose en lo que
el chef ya le había explicado, pero quizás no habría seguido adelante debido a tantas incógnitas. ¿Con qué frecuencia estaría allí
el chef? ¿Le resultaría incómodo hacerse cargo de la cocina?
¿Tendría en cuenta las alergias o restricciones alimenticias de la
familia? ¿Cuánto costaría todo esto, y qué pasaría si a la familia
no le gustara la comida?

Al desplegar este sencillo plan, el chef sintetizó el proceso en
una serie de pequeños pasos que mitigaron el riesgo del cliente.

El segundo efecto de incluir el plan de tres pasos fue presentarle al cliente una imagen clara de cómo luciría el futuro. A los
seres humanos no nos gustan los cambios, ni siquiera los positivos, porque el cambio implica un riesgo. ¿Y si después de contra-
tarlo la vida empeora en vez de mejorar? Presagiando el futuro
del cliente, el chef sustituyó el miedo por una visión esperanzadora del futuro.

Piénsalo. Supongamos que vendes colchones. Sabes que el
cliente con el que hablas tiene problemas de espalda y sabes que

su viejo colchón empeora su salud. Aun así, no hace un pedido. ¿Por qué? Existen varias posibilidades. Primero, ¿qué tal si el colchón agudiza sus dolores espalda? Segundo, ¿qué va a hacer con su viejo colchón? Tercero, ¿y si el colchón nuevo es estupendo, pero se ablanda rápidamente y pierde firmeza? Quizá no valga la pena comprar un nuevo colchón. ¿Quién sabe? Es un riesgo caro de asumir.

Sin embargo, nuestro representante de ventas de colchones puede aliviar todos esos temores ofreciendo un plan de tres pasos. Basta con decir: primero, te llevamos el colchón a casa. Segundo, recogemos tu viejo colchón. Tercero, respaldamos nuestro producto. Si en 90 días no estás satisfecho con tu colchón, lo recogemos y aplicamos tu inversión a cualquier otro colchón de la tienda.

La cuestión es esta: cuando construyes un puente entre el problema de tu cliente y tu solución, alivias el riesgo, haces que el proceso de transición sea claro y aumentas las posibilidades de que tu cliente cruce y haga un pedido.

Recuerda esto a la hora de exponer el plan de tres o cuatro pasos: explica lo fácil que es la transición entre no utilizar tu producto y tener un problema, y utilizar tu producto y resolver dicho problema.

No dejes que tu cliente se quede al borde del río, temeroso, viendo el agua correr. Construye un puente ofreciéndole un plan.

Ahora que hemos empezado con el problema, posicionado nuestro producto como la solución y tendido un puente desde el problema del cliente hasta nuestra solución, es hora de producir sensación de urgencia.

Pinta lo que está en juego y produce sensación de
urgencia: ♦ *rombo (o color amarillo) y* ♥ *corazón*
(o color azul)

No hay nada mejor cuando acaba una película que un final feliz. Celebramos que la pareja se case, que atrapen al malo o que el abogado gane el caso. Todavía recuerdo estar de pie en mi asiento cuando era niño, celebrando el triunfo de Daniel en el torneo de karate en *Karate Kid.* ¿Por qué? Porque me había pasado la hora anterior mordiéndome las uñas ante la amenaza de que Daniel recibiera una paliza del matón y fuera humillado delante de la chica que le gustaba. En otras palabras, los narradores me entregaron un montón de buenas razones para hacer que me importara.

El mismo factor que impulsa el compromiso en una película puede impulsar el compromiso en la historia a la que estás invitando a tus clientes.

Para hacer que el público se involucre más en una historia, los narradores pintan lo que está en juego, recordándonos constantemente lo que el héroe podría ganar o perder si lleva o no a cabo la tarea que se le ha encomendado.

Si observas una película con atención, te darás cuenta de que los guionistas prefiguran una escena culminante. A veces esta escena se denomina «escena obligatoria» porque el narrador está obligado a mostrárnosla. El otro día, mi familia y yo vimos *La leyenda del tesoro perdido 2.* A unos 15 minutos de iniciada la película, el personaje de Justin Bartha se vuelve hacia Nicolas Cage y le dice: «Van a intentar robar la Declaración de Independencia», a lo que Nicolas Cage responde en tono descarnado: «Y vamos a detenerlos».

Ya está. Una escena en la que Nicolas Cage intente impedir que los malos se roben la Declaración de Independencia de los Estados Unidos es ahora la escena obligatoria.

De hecho, a menudo ocurre que un guionista escribe primero la escena obligatoria y luego el resto de la película, de modo que la escena obligatoria sea emocionalmente lo más satisfactoria posible. Un buen guion a menudo se diseña a la inversa, con el final en mente.

Lo mismo ocurre con las ventas: querrás prefigurar una escena obligatoria hacia la que tu cliente pueda avanzar.

Por ejemplo, imagina que eres agente inmobiliario y quieres vender una casa: basta con que averigües qué es lo que menos le gusta a tu cliente de su vivienda actual y preveas una escena obligatoria que implique la resolución de ese problema. ¿Tu cliente odia que el baño principal solo tenga un lavabo? Estupendo. Recuérdale lo incómodo que es para ella y su marido prepararse por las mañanas con un solo lavabo. Hazle saber que vas a ofrecerle una casa con un baño grande y espacioso y ¡dos lavabos!

¿Te das cuenta de lo que hiciste en este rol hipotético como agente inmobiliario? Prefiguraste una escena culminante donde la compradora está en un amplio cuarto de baño con dos lavabos. Ese tipo de visión produce en ella la urgencia de cerrar el bucle narrativo que se ha abierto en su mente y comprar una casa nueva y mejor.

Recuerda que la escena obligatoria siempre es la escena en la que se resuelve el problema principal de la historia. Por tanto, si escuchas con atención, comprendes el problema que tu cliente espera resolver y, a continuación, prefiguras una escena obligatoria en la que su problema se resuelve utilizando tu producto o servicio, la energía de la historia a la que lo estás invitando se encauzará hacia esa resolución obligatoria.

¿Cómo involucra más al cliente prefigurar una escena culminante?

Cuando prefiguras una escena culminante u obligatoria, generas algo que se llama disonancia cognitiva, que es la forma en que las historias generan tracción narrativa. Esencialmente, la disonancia cognitiva es una tensión que aumenta y aumenta hasta liberarse con la resolución del problema. La disonancia cognitiva no siempre es incómoda: a menudo puede ser divertida y entretenida. Por el amor de Dios, ¿va a ganar mi equipo la copa o no?

Siguiendo con el ejemplo del agente inmobiliario, prefigurar la escena culminante crea una pequeña disonancia cognitiva que solo un cuarto de baño principal con dos lavabos podrá resolver. Mientras el agente recorre cada una de las casas con los clientes, anticipa cómo sería vivir allí: Nancy tendría espacio de sobra en el cuarto de baño; Jim no volvería a recorrer el barrio en mitad de la noche buscando al perro, porque el patio está rodeado por una valla; podrían estar pendientes del bebé sin necesidad de subir y bajar escaleras. Perfecto. El agente ha presagiado tres escenas culminantes canalizando así la energía hacia la resolución de tres problemas diferentes en el relato de los clientes.

Cada vez que el agente plantea una escena culminante, la cliente experimenta dos cosas. Por un lado, se siente escuchada. En lugar de hablar interminablemente sobre las tasas hipotecarias y el espacio en el armario y el nuevo calentador de agua —tres cosas que ella nunca mencionó—, el agente la ha escuchado y comprendido su historia, y los está guiando en la dirección que desean. Por el otro, la cliente encuentra una vía clara y práctica de cerrar la historia de la búsqueda de una casa.

Añade riesgos para aumentar aún más la urgencia

Mencionar lo que se gana no es la única herramienta que puedes utilizar para incrementar la urgencia en una historia. Cuando añades obstáculos a los argumentos de tus conversaciones de venta, vendes todavía más.

¿Tendrá Nancy que seguir tropezándose con su marido en su pequeño baño principal? ¿Tendrá Jim que seguir buscando al perro por el vecindario todas las noches? ¿Qué experiencias negativas tendrán o seguirán teniendo tus clientes si no adquieren tu producto?

Si en aquella imagen del éxito de nuestros clientes pintamos también las frustraciones que nuestro producto o servicio le evitarán, será mucho más probable que hagan un pedido. Agreguemos algunas apuestas positivas y negativas al diálogo que nuestro amigo el chef mantiene en el cóctel:

● Tú sabes que la mayoría de las familias ya no comen juntas. Y cuando lo hacen, la comida no suele ser saludable.

■ Yo soy chef a domicilio. Voy a tu casa y cocino.

▲ Si lo quieres probar alguna vez, el proceso es sencillo. Hacemos una breve reunión de media hora en la que averiguo lo que le gusta comer a tu familia, qué alergias alimentarias existen, etcétera. Luego voy a tu casa y preparo la cena. Eso cuesta unos 100 dólares. Luego, si quieres que se convierta en algo habitual, decidimos cómo te gustaría incluirme en el horario de tu familia.

♦ Las cenas familiares son contadas antes de que los chicos se vayan de la casa.

♥ Mis clientes se sientan cómodamente en la cena y realmente se relacionan entre ellos. Día tras día, llegan a conocerse un poco mejor y se sienten apoyados, escuchados y atendidos. Y todo porque, al menos un par de días a la semana, no tienen que cocinar.

¿Ves cómo cuando mencionamos lo que se puede ganar y perder se genera una sensación de urgencia?

Añadir lo que está en juego a tus conversaciones de venta hace que la historia a la que invitas a tus clientes sea más interesante.

Ahora agreguemos el último tema de conversación y empecemos a cerrar algunas ventas.

Llama a tu cliente a la acción: ★ estrella (o color verde)

La razón por la que los mejores vendedores llegaron a serlo es que son buenos para pedirles a los clientes que compren. Jerry Jones, propietario de los Dallas Cowboys, dijo alguna vez que hay tres reglas en los negocios: la primera es siempre pedirle el dinero al cliente, y no recordaba las otras dos.

Cuando te vuelves hábil para llamar a tu cliente a la acción, tu pequeña empresa crece. Aun así, la mayoría de los dueños de pequeñas empresas odian pedir dinero. Se sienten deshonestos y prepotentes. Pero cambiemos nuestra forma de ver ese intercambio. Después de todo, ¿qué ocurre cuando preguntamos por la venta?

Si realmente supieras qué ocurre en la mente de tu cliente una vez que lo invitas a entrar en una historia, te asegurarías de preguntarle siempre por la venta. Permíteme elaborar un poco.

Hace unos años, mi mujer y yo tuvimos una larga escala en un aeropuerto fuera del país, así que decidimos pasear y recorrer algunas de las tiendas de la terminal. Se trataba de un gran aeropuerto con una especie de centro comercial en el centro. Mientras recorríamos aquel centro comercial, me encontré ojeando un mostrador de joyería que exhibía relojes.

Llevaba al menos dos años queriendo comprarme un buen reloj. Tiempo atrás había conseguido que mi compañía superara un determinado nivel de ingresos. Me había dicho a mí mismo que, cuando lo consiguiera, me obsequiaría una pequeña recompensa, algo para llevar en la muñeca y que pudiera pasarles a mis hijos cuando fueran mayores. Sin embargo, pasaron dos años y no había comprado el reloj. Había comprado no pocos relojes para amigos y miembros del equipo, pero siempre me pareció demasiado lujoso comprar algo así para mí. Mi mujer no dejaba de insistirme en que me comprara el reloj, pero nunca me pareció correcto.

El vendedor se acercó y me preguntó si quería probarme algo. Le dije que sí y le señalé un bonito reloj de vestir normal. Cuando me preguntó por qué me interesaba ese reloj en concreto, le conté que había hecho crecer mi compañía por encima de mi objetivo y que llevaba un par de años aplazando la recompensa. Sonrió y dijo que sin duda me lo merecía. Se lo agradecí, pero al final me quité el reloj y le dije que seguiría pensándolo.

—No quieres comprar este reloj —me dijo sin rodeos.

—Hoy no —respondí a regañadientes.

Luego hizo algo que me pareció realmente especial, algo por lo que le sigo agradecido.

—Don, ¿quieres que te empaquete este reloj para que te lo lleves a casa y lo conserves como recuerdo de tu logro? —preguntó con una sonrisa y una expresión en el rostro que decía: «Ayúdame a ayudarte».

Me detuve un momento a considerar su pregunta, y luego respondí:

—Sí. Eso es exactamente lo que quiero que hagas.

Cuando volví con mi mujer y le enseñé el reloj, se quedó en una pieza.

—¡De verdad lo hiciste! —exclamó—. Es precioso. ¿Por qué elegiste este?

Le dije que no lo sabía. En aquel momento era cierto: realmente no sabía qué me había hecho apretar el gatillo. Ahora sé que elegí ese reloj porque el vendedor me dio permiso para hacer lo que ya quería hacer: darme un capricho.

¿Y sabes qué? Me encanta ese reloj. Algún día se lo daré a uno de mis hijos o a un amigo y le hablaré de lo difícil que es crear una compañía, pero si sigues adelante y continúas ofreciendo valor, tus sueños pueden hacerse realidad.

No sabes cuánto agradezco que un vendedor del aeropuerto fuera lo bastante profesional y seguro de sí mismo como para llamarme a la acción. Realmente quería el reloj. Tenía el dinero. Solo necesitaba un poco de ayuda.

A veces tu cliente solo quiere que le des permiso para hacer lo que ya quiere: realizar un pedido

Puede que no te consideres un vendedor profesional, pero si diriges o tienes una pequeña empresa, que aprendas a llamar a tus clientes a la acción podría aumentar significativamente tus ingresos.

El tipo del mostrador de relojes no me estaba manipulando. Sabía que yo podía permitirme el reloj porque le dije antes que había hecho crecer mi compañía, y también sabía que yo quería el reloj por una buena razón. Cuando me llamó a la acción, me dio confianza en que se trataba de una buena decisión. Me hizo saber que no me arrepentiría de haber comprado el reloj, y tenía razón: no me arrepiento en absoluto.

La mayoría de los líderes de pequeñas empresas temen mostrarse insistentes o prepotentes con sus clientes, por lo que no utilizan llamados a la acción claros en sus conversaciones de venta. Por eso, sus interacciones de venta suenan pasivas y débiles, por ejemplo:

«Fue un placer hablar contigo. Si alguna vez necesitas mi ayuda o quieres saber algo más, dímelo».

Pero lo que oye el cliente en un llamado a la acción tan débil es: «No creo que mi producto resuelva tu problema, pero quiero caerte bien de todos modos. Si alguna vez decides darme algo de caridad a cambio de este producto, que, de nuevo, probablemente no satisfaga tus necesidades, hazlo, por favor, porque tengo una hipoteca que pagar e hijos que alimentar».

Este llamado a la acción carece de confianza.

Cuando hablo de confianza, no me refiero a tener confianza en ti mismo. Ciertamente espero que tengas confianza en ti mismo como persona, pero no necesitas confiar en ti mismo como persona para ser buen vendedor. En ventas, solo necesitas tener confianza en una cosa: en que tu producto resolverá el problema de tu cliente.

Si no estás seguro de que tu producto pueda resolver el problema de tu cliente, detente ahora y mejora tu producto. Sigue trabajando en él hasta que funcione mejor que cualquier otro en el mercado (por ese precio), y pronto tendrás toda la confianza que necesitas para venderlo. Las personas que representan la calidad no se disculpan por su oferta. Saben lo que vale su producto o servicio.

Si sabes que tu producto o servicio resolverá los problemas de tus clientes, llámalos a la acción con confianza.

Asegúrate de que tus llamados a la acción sean claros

Otro error que cometen los líderes de pequeñas empresas es que, cuando llaman a sus clientes a la acción, no son claros. Llamados a la acción como: «¿Quieres saber más?» o «¿Te interesaría probar esto?» no son del todo evidentes. Los llamados a la acción efectivos le indican al cliente exactamente lo que tiene que hacer para comprar o iniciar el proceso de compra del producto o servicio.

Oraciones como: «¿Puedo empaquetar esto para ti?» o «Podemos estar allí el jueves para instalar la máquina. ¿Quieres comprarla hoy?» no confunden al cliente. Un buen llamado a la acción no le ofrece al cliente un camino a considerar, le da una decisión de compra que debe aceptar o rechazar.

Volvamos a nuestro amigo el chef:

● **Tú sabes que la mayoría de las familias ya no comen juntas. Y cuando lo hacen, la comida no suele ser saludable.**

■ **Yo soy chef a domicilio. Voy a tu casa y cocino.**

▲ **Si lo quieres probar alguna vez, el proceso es sencillo. Hacemos una breve reunión de media hora en la que averiguo lo que le gusta comer a tu familia, qué alergias alimentarias existen, etcétera. Luego voy a tu casa y preparo la cena. Eso cuesta unos 100 dólares. Luego, si quieres que se convierta en algo habitual, decidimos cómo te gustaría incluirme en el horario de tu familia.**

♦ Las cenas familiares son contadas antes de que los chicos se vayan de la casa.

♥ Mis clientes se sientan cómodamente en la cena y realmente se relacionan entre ellos. Día tras día, llegan a conocerse un poco mejor y se sienten apoyados, escuchados y atendidos. Y todo porque, al menos un par de días a la semana, no tienen que cocinar.

★ Tengo tiempo el próximo jueves para que nos reunamos y hablemos de cocinar para tu familia. ¿Te gustaría que nos viéramos?

Una vez que nuestro amigo chef le facilita al cliente una decisión de compra para aceptar o rechazar, este sabe exactamente lo que tiene que hacer para resolver su problema y puede elegir entrar en la historia o tomar otro camino.

El rechazo no es el fin del mundo

Naturalmente, si das a los clientes algo que aceptar o rechazar, incluido un llamado firme a la acción, vas a recibir más rechazos que antes. Este es un hecho desafortunado. Hagas lo que hagas, muchas personas no estarán dispuestas a comprar y esto puede dar lugar a un intercambio incómodo en el que rechacen tu oferta.

Sin embargo, el asunto es bastante fácil de resolver. Si rechazan a nuestro chef, él solo tiene que responder algo como: «Si conoces a alguien que pueda necesitar un chef a domicilio, dímelo. Tengo disponibilidad para otras dos familias. ¡Pero basta ya de hablar de mí! ¿A qué te dedicas tú?».

Ya expusiste a la perfección la historia a la que invitas a la gente, así que a partir de ese punto ya no hay necesidad de seguir

vendiendo. La clave de las ventas es la claridad, no la prepoten-
cia. Al cambiar de tema y conocer un poco a la persona con la
que hablas, alivias la incomodidad del rechazo. La clave para
aceptar el rechazo sin que resulte incómodo es que tú, la persona
que realiza la venta, tranquilices al cliente por haber decidido no
seguir adelante. Cuando tu interlocutor perciba que no te sientes
incómodo con el rechazo, tampoco él se sentirá así. Incluso te
respetarán más porque, a diferencia de la mayoría de la gente, no
tienes miedo de pedir algo que quieres. El rechazo forma parte
de la vida y, sinceramente, no es algo que suela preocupar a las
personas exitosas. Al fin y al cabo, el cliente no te rechaza, solo
dice que no tiene el problema que tú puedes solucionar. Estupendo. Si alguna vez tiene ese problema, ya sabe a quién llamar. Más
aún, si tienen un amigo con ese problema, pueden recomendarte.

La buena noticia es que, cuando incluyes un llamado firme a
la acción en tus temas de conversación, aunque te van a rechazar
más que antes, también vas a vender más que nunca. Como de-
jaste claro tu llamado a la acción, más gente va a decidirse a
comprar tu producto y tu motor izquierdo generará más propulsión. De hecho, comprobarás que cuando enuncies tu llamado a
la acción, tus ventas aumentarán drásticamente.

Una de las principales diferencias entre los emprendedores que
tienen éxito y los que no, a pesar de que ambos vendan un buen
producto, es que los exitosos hacen que sus llamados a la acción
sean lo más claros posible.

Memoriza tu llamado a la acción
Los llamados a la acción claros no surgen de forma natural.
Cuando llega el momento de preguntar por la venta, todos nos
volvemos un poco tímidos.

Después de aprenderte las convenciones del Esquema de Ventas «El Cliente es el Héroe», empezarás a invitar a los clientes a participar en una historia de forma intuitiva. Pero hay una parte del esquema en la que te recomendaría memorizar una «línea» que puedas utilizar una y otra vez: el llamado a la acción.

Tememos pedirle a la gente que compre. Sin embargo, si memorizas tu llamado a la acción y lo dices como una línea predeterminada, verás que funciona, y cuanto más funcione, más natural te resultará decirlo.

Supongo que el tipo de la joyería del aeropuerto les habrá dicho a miles de personas: «¿Quiere que le empaque esto para que pueda llevárselo en el avión?», muchas de las cuales, como yo, respondieron con un «sí». Y una vez más, le agradezco que tuviera preparada esa frase porque me gusta el reloj y me alegro de poseerlo.

El llamado a la acción que memorices podría ser algo como: «Mi equipo puede ir a podar el césped este sábado y encargarse de la jardinería todas las semanas de aquí en adelante. ¿Quieres que se presenten en tu casa el sábado? Puedo dejar la factura en tu buzón».

Cualquier jardinero que utilice esa frase cada vez que invite a los clientes a una historia va a acelerar su motor izquierdo y hará que su negocio crezca. Y rápido.

Si tienes un producto en el que crees, confía en él y llama a tus clientes a la acción.

Cuando aprendas cómo convertir al cliente en el héroe, utilizando las convenciones que presenté en este capítulo, podrás elaborar sin dificultad ofertas de venta millonarias de forma intuitiva y sin pensar en vender. Con esta «oferta de venta», nuestro chef podría conseguir fácilmente millones en negocios de cocina y catering en unos pocos años, y si se expandiera a otras ciudades y contratara a más chefs para formar parte de su equipo, millones y millones más. El esquema no tiene que ver con la coacción, ni siquiera con las ventas, sino con su claridad. De nuevo, cuando los clientes entienden cómo tu producto puede resolver su problema, compran.

Haz que el cliente sea el héroe y acelera tu motor izquierdo

Hace años, cuando mi empresa era mucho más pequeña, me planteé contratar a un representante de ventas a tiempo completo. Habíamos logrado que nuestro negocio creciera a través de nuestro embudo de ventas y no teníamos problemas para encontrar y atender a clientes. Contratar a un representante de ventas, por tanto, parecía un riesgo innecesario.

Sin embargo, después de pensarlo, me di cuenta de que los representantes de ventas suelen cobrar un pequeño salario base y obtienen el resto de sus ingresos mediante comisiones. Si estás construyendo un avión, esto es estupendo porque significa que tus gastos generales (en este caso, la nómina) aumentan mínimamente y solo se amplían si el representante vende lo suficiente para generar comisiones. Así que decidí contratar a uno.

Resultó ser una de las mejores decisiones que he tomado. Mi nuevo representante de ventas convirtió al cliente en el héroe y cerró la misma cantidad de ventas que mi embudo de marketing había podido crear y cerrar, lo que casi duplicó nuestros ingresos.

Hoy en día tenemos un pequeño equipo de ventas que sigue representando más del 50 % de nuestras ventas. Tanto nuestro motor derecho como el izquierdo nos impulsan por los cielos y, no solo eso, sino que gracias a la constante retroalimentación del equipo de ventas sobre lo que quieren nuestros clientes, hemos podido crear nuevos productos que aumentan la fuerza y el tamaño de las alas.

Si tienes un producto que fascina a los clientes y has pensado en contratar a un representante de ventas, te aconsejo hacerlo. Solo asegúrate de que sepan cómo hacer que el cliente sea el héroe, y el motor izquierdo de tu avión debería ayudarte a volar más lejos y más rápido.

¿No estás preparado para contratar a un representante comercial? Lo comprendo. Pero aquí tienes un pequeño reto que te ayudará a confiar más plenamente en el Esquema de Ventas «El Cliente es el Héroe»: utiliza el esquema para escribir una carta de ventas que genere miles de dólares en negocios.

Cuentas con una muestra del esquema en tu Plan de Vuelo para Pequeñas Empresas (y hay una versión digital gratuita en OnlineSalesScript.com) que te permitirá crear los temas de conversación perfectos para tus correos electrónicos de ventas. ¿Hay alguna venta que te haya costado cerrar? ¿Hay algún producto sobre el que puedas escribir una carta de ventas y enviarla a tu lista de contactos por correo electrónico?

Te reto a que te sientes y utilices el esquema para escribir una carta de ventas, cierres unas cuantas ventas y pongas miles de dólares en tu cuenta corriente. Cuando lo hagas, entenderás cuán sencillo es potenciar tu motor derecho y hacer que tu negocio vuelva a crecer.

Ahora echemos un vistazo a lo que realmente venden estos motores derecho e izquierdo. Optimicemos tu oferta de productos para que el avión consiga sostenerse en el aire mejor (y más fácil). Fijémonos en sus alas.

Si te cuesta elaborar buenas ofertas de venta, nuestro equipo de diseño ha creado una herramienta digital disponible en SmallBusinessFlightPlan.com que codifica tu oferta de venta por colores. Yo la utilizo constantemente para ayudar a mis clientes a elaborar buenas ofertas de venta. No dudes en jugar con ella. Es muy útil.

4

Productos

PASO 4:
Las alas

Optimiza tu oferta de productos con el
Manual de optimización de productos

El Paso 4 te ayudará a resolver estos problemas:

- No estás seguro de cuál de tus productos produce más ganancias.
- Podrías probar un nuevo producto que aumente tu rentabilidad.
- Tu oferta de productos está aburriendo a tus clientes.
- Has perdido muchas horas lanzando un producto que no se ha vendido.
- Necesitas más dinero y lo necesitas rápido.
- No dispones de un proceso establecido para venderles productos adicionales a tus clientes actuales.

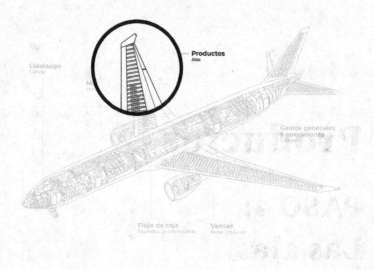

· · ·

¿Qué es lo que sostiene a tu avión en el aire? Las alas. Por muy potentes que sean, los motores derecho e izquierdo no contribuirán a la sustentación sin unas alas sólidas. Tus motores de marketing y ventas solo funcionan si tienen un producto que vender. ¿Cuál es ese producto?, ¿cómo surgió?, ¿forma parte de un paquete con otros productos?, ¿qué tan rentables son esos productos? Todo esto contribuye al éxito o al fracaso de tu pequeña empresa.

Tu negocio solo despega cuando tus motores de marketing y ventas mueven el producto. Los tipos de productos que elegimos crear y vender son tan importantes para el vuelo de nuestra empresa como las alas lo son para un avión. Si los productos no tienen demanda ni son rentables, será como si las alas de nuestro avión fueran demasiado pequeñas. ¿Podría funcionar así un avión? Por supuesto. Pero solo si los motores de marketing y ventas son lo suficientemente fuertes como para superar la falta de superficie que, de otro modo, mantendría el avión en el aire.

Cuando optimizas tu oferta de productos en función de la demanda y la rentabilidad, y priorizas los productos que crean más sustentación, es como si ampliaras y reforzaras las alas de tu avión, permitiéndole tomar vuelo con mayor facilidad.

Si tuvieras que aumentar tus ingresos actuales un 25 % en seis meses, ¿cuál sería tu primer paso? Lo más probable es que potenciaras tus motores de marketing y ventas. Tiene sentido. Cuando los motores derecho e izquierdo adquieren más potencia, el avión vuela más rápido. Pero ¿y si eliminamos esa opción? ¿Qué harías si tuvieras que aumentar tus ingresos en un 25 % y no pudieras tocar tus motores de marketing o ventas? De ser ese el caso, te quedaría solo una alternativa; una que la mayoría de los propietarios de pequeñas empresas olvidan que tienen: optimizar tu oferta de productos.

Cuando pensamos en hacer crecer nuestro negocio, rara vez pensamos en optimizar nuestra oferta de productos. Esto es un error. Podrías ganar miles de dólares, incluso millones, al optimizar los productos que vendes para conseguir una demanda y rentabilidad mayores.

Hace poco conversé en mi pódcast con dos mujeres propietarias de un estudio de danza en Salt Lake City, Utah. Mientras hablábamos acerca de aumentar sus ingresos, mencionaron que querían expandirse como franquicia y abrir otro local. ¿Qué creen que escuché cuando dijeron eso? «¡Vamos a agrandar el fuselaje del avión!». Claro que esa podría ser una manera de aumentar sus ingresos, pero otro local implicaría una enorme cantidad de gastos generales adicionales.

Les pregunté cuáles eran los productos que les generaban más ingresos. Me dijeron que el primero eran las clases de baile para niños pequeños, seguidas por las de *break dance* (que al parecer pronto será un deporte olímpico) y algunas otras clases.

—¿Cuánto cobran por enseñar a bailar *break dance*? —pregunté.

—Unos 250 dólares por seis clases.

—Eso son seis semanas de clases que tienes que dar, ¿no?

—Sí —respondieron—. Nuestro instructor imparte seis clases de 90 minutos.

Después de que me dijeran cuánto cobraba el instructor y cuánta gente se apuntaba a cada clase, me di cuenta de que no estaban obteniendo muchas ganancias. Aun así, la única forma que se les ocurrió para crecer era abrir otro local y duplicar su modelo actual.

Así piensa la mayoría de los propietarios de pequeñas empresas. No es la peor manera de pensar, pero tampoco es la mejor.

La verdadera pregunta que todos necesitamos hacernos a la hora de optimizar nuestra oferta de productos es: «¿Cómo puedo generar dos, cinco o incluso diez veces más ingresos trabajando tan duro como lo hago ahora?».

¿Te parece una locura? Pues no lo es en absoluto. Todo lo que tienes que hacer es determinar cómo trabajar igual de duro que ahora y ofrecer dos, cinco o diez veces el valor que brindas a los clientes.

Conforme la conversación avanzaba, les pregunté a las emprendedoras si estaban familiarizadas con todas las tendencias de baile que han aparecido en las redes sociales. Ya sabes a qué me refiero. La mitad de los vídeos en las redes sociales son de personas, familias y hasta equipos bailando.

—¿Y qué tal si le cobraran 10 000 dólares a una empresa por

enseñarles a bailar a sus empleados y luego filmaran la rutina en su lugar de trabajo? —pregunté—. ¿Sería muy difícil?

—No —respondieron—. Eso es lo que hacemos. Le enseñamos a la gente a bailar.

—Sí —continué—, pero si le enseñan a bailar a un niño pequeño, reciben 250 dólares por seis semanas y tienen que pagar el alquiler del local. Pero enseñarle a bailar a un equipo corporativo es más rentable. Las empresas buscan actividades para fomentar el espíritu de equipo. Y no solo eso: si graban el vídeo en el lugar de trabajo y la empresa lo utiliza en sus redes sociales, será una excelente publicidad. También es una gran herramienta de contratación porque todo el mundo quiere trabajar en un lugar con una cultura divertida.

Reflexiona sobre lo que acabamos de hacer. Descubrimos una manera en que nuestras amigas propietarias de un estudio de danza podrían multiplicar cinco o más veces sus ganancias haciendo exactamente el mismo trabajo. Para una gran compañía, este sería un ejercicio de creación de equipos rentable, además de una excelente publicidad y una buena herramienta de contratación. Diez mil dólares es una ganga para ese tipo de valor y el estudio de danza acaba de aumentar el valor de su producto de forma espectacular sin aumentar en absoluto el coste del producto en sí.

Otra invitada al pódcast, una organizadora de bodas de Chicago, se enfrentaba al reto de hacer crecer su negocio sin tener que duplicarse. Cobraba bastante por cada boda, pero como trabajaba sola, su capacidad de crecimiento era limitada. Durante la entrevista, optimizamos su oferta de productos creando uno llamado «Planifica tu propia boda». Por 5 000 dólares, te guiaba a través de una exhaustiva lista y te daba acceso a vídeos muy detallados que ayudaban a las parejas a planificarlo todo, desde el espacio para el evento hasta el *catering*, las flores e incluso las recetas de los cócteles. No solo eso, sino que cuando los clientes se inscribían en el proceso paso a paso podían reunirse con ella cada semana durante 90 minutos para hacerle preguntas y resolver sus dudas. De repente, nuestra organizadora de bodas pasó de planificar bodas de una en una a planificar diez o quince a la vez. Y todo lo que le costó fueron 90 minutos a la semana. Podía planificar diez bodas en una fracción del tiempo que antes le llevaba planificar una y si alguien quería recibir sus servicios de forma personalizada, podía pagar su servicio anterior.

Otra idea para ampliar las alas de tu avión es ofrecer un servicio de conserjería. Una vez tuve un médico que me cobraba una cuota mensual por ser «miembro» de su programa. La idea era tener muchos menos clientes y dedicarle más tiempo a cada uno de ellos. Seguía teniendo que pagar una tarifa cada vez que iba a verlo, pero cada consulta duraba una hora o más, y hablábamos sobre dieta y ejercicio, tendencias de salud y antecedentes familiares. Nunca sentí que me apurara. ¿Era caro? Sí, pero mi salud y mi longevidad me importaban lo suficiente como para hacer que mereciera la pena.

¿Es posible hacer las alas de tu avión más fuertes, ligeras y grandes? Para casi todos quienes leen este libro lo es. Puedes cobrar una prima por una atención más personalizada. Puedes crear paquetes de productos. Puedes compartir parte de tu experiencia en línea y asesorar a los clientes en grupo. Puedes cobrar una cuota mensual por la información a la que das acceso. Incluso si representas los productos de otra persona y no hay nada que puedas hacer para cambiar eso, puedes ofrecer un servicio de suscripción en el que la gente reciba el producto mensualmente.

Entonces, ¿cómo optimizamos nuestra oferta de productos?
Hay tres ejercicios que puedes realizar para optimizar tu oferta de productos. El primero consiste en evaluar la rentabilidad de tus productos. Aquí analizarás tu oferta actual y serás brutalmente honesto al definir qué te está generando ingresos y qué está lastrando tu avión. Este ejercicio te ayudará a enfocar tu energía de marketing y ventas para obtener el mayor beneficio.

El segundo ejercicio consiste en hacer una lluvia de ideas en la que considerarás si puedes ofrecer nuevos productos que generen más ingresos y ganancias. Este ejercicio ampliará la superficie de tus alas.

El tercer ejercicio involucra un informe de producto que usarás con el fin de decidir qué productos debes crear para hacer crecer tu negocio. Un informe de producto es un formulario que completas cada vez que se te ocurre una nueva idea para un producto. Este formulario te ayudará a darte cuenta de si la nueva idea de producto es buena o si estarás desperdiciando tiempo, costes y energía valiosos al intentar lanzarlo al mercado.

Al llevar a cabo estos tres ejercicios y continuarlos de forma regular, mejoras tu avión asegurándote de que las alas están optimizadas para sostenerlo en el aire. Estos ejercicios, por cierto, son el secreto de muchas empresas multimillonarias. Procesos enteros de investigación y desarrollo, juntas directivas y comités están en constante movimiento para crear nuevos y mejores productos que les permitan seguir el ritmo de la competencia y atender las necesidades siempre cambiantes de sus clientes. Aunque la tuya sea una pequeña empresa, puedes poner en práctica procesos similares para optimizar tu oferta de productos y obtener ingresos y ganancias.

Primer ejercicio: evalúa la rentabilidad de tus productos

En el torbellino cotidiano que es dirigir un negocio, a menudo perdemos la noción de qué productos nos hacen ganar dinero y cuáles lastran el avión. Vender productos que no son rentables es como atar un par de tablas a nuestro avión y esperar que funcionen como alas. El avión no se elevará. De hecho, cualquier producto que no es rentable crea una seria resistencia en tu avión y, simultáneamente, estresa tus motores derecho e izquierdo. Para que las alas de tu avión se mantengan ligeras y fuertes, tus productos deben ser rentables y tener demanda.

A veces un producto puede venderse con pérdidas porque atrae clientes que pueden comprar productos más rentables, pero estos casos son la excepción a la regla.

El primer ejercicio que realizaremos para aligerar y reforzar las alas de nuestro avión consiste en clasificar nuestros productos por orden de rentabilidad, de más a menos rentable. Al realizar este ejercicio enfrentaremos cara a cara la verdad sobre qué productos son los que realmente pagan las facturas.

Si tienes una tienda que vende cientos o miles de productos, este ejercicio puede ser demasiado complicado. Aun así, puedes clasificar fácilmente tus 50 productos más vendidos, que probablemente representen entre el 50 % y el 80 % de tus ingresos.

El ejercicio de clasificar tus productos en función de su rentabilidad va a aportarte dos cosas importantes como propietario de una pequeña empresa: te va a mostrar de dónde procede realmente tu dinero y te va a informar sobre dónde invertir más esfuerzos de marketing y ventas.

Para clasificar tus productos por rentabilidad, hazte las siguientes preguntas:

1. ¿Cuánto cuestan las materias primas?
2. ¿Qué parte de tus costes laborales está directamente relacionada con la creación, comercialización y venta de este producto?
3. ¿Caduca el producto? En caso afirmativo, ¿cómo afecta el inventario caducado y no vendido al coste del producto?

En última instancia, la cifra que buscas es la diferencia entre el precio de venta del producto y lo que cuesta producirlo, mantenerlo y venderlo. Esto es un poco diferente del «coste de los bienes vendidos», pero la idea es la misma.

Es importante señalar que este no es un ejercicio contable oficial. No vas a entregar este formulario al Gobierno, ni siquiera a tu contador (aunque no es mala idea que te dé su opinión). El objetivo de este ejercicio es únicamente que seas consciente de cómo gana dinero tu empresa.

Este es el proceso que debes seguir para valorar tus productos:

1. Haz una lista de todos los productos que vendes en una pizarra o en un trozo de papel; si eres un minorista que tiene miles de productos, intenta hacer una lista de los 50 principales, aproximadamente.
2. Usa tu instinto para ordenar esos productos por orden de rentabilidad.
3. Investiga a cabalidad para asegurarte de que tu lista ha establecido la rentabilidad real de tus productos.

Si tienes la posibilidad de realizar este ejercicio con tu equipo directivo, no dudes en hacerlo. Tu equipo tendrá diferentes perspectivas sobre qué productos son rentables y cuáles no.

Utiliza la Auditoría de Rentabilidad de Productos en tu Plan de Vuelo para Pequeñas Empresas como guía para realizar el primer ejercicio.

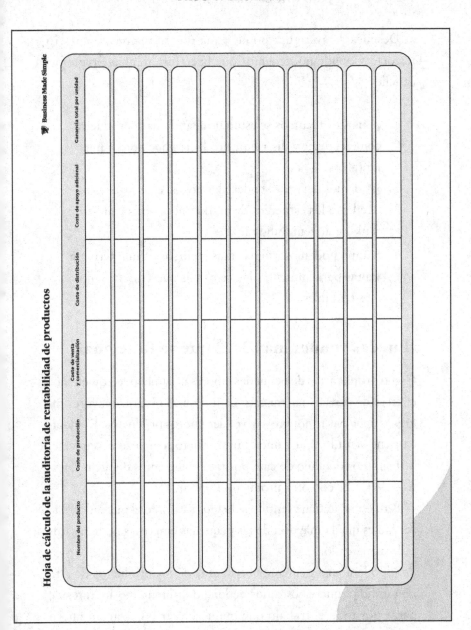

Hoja de cálculo de la auditoría de rentabilidad de productos

Nombre del producto	Coste de producción	Coste de venta y comercialización	Coste de distribución	Coste de apoyo adicional	Ganancia total por unidad

Business Made Simple

Accede a una versión digital rellenable en SmallBusinessFlightPlan.com

Después de averiguar dónde gana dinero realmente nuestro negocio y dónde no, tenemos que hacernos algunas preguntas difíciles:

1. ¿Cuántos recursos se están utilizando para producir, comercializar y distribuir productos que no son muy rentables?
2. ¿Podemos dejar de vender algunos de esos productos?
3. ¿Reflejan los esfuerzos de marketing y ventas nuestro ranking de rentabilidad?
4. ¿Cómo podemos asignar más recursos de marketing y ventas para aumentar las ventas de nuestros artículos más rentables?

¿Puedes vender más de lo que ya funciona?

Como propietarios de pequeñas empresas, a menudo cometemos el error de pensar que nuestro camino hacia lograr mayores ingresos debe pasar por crear y vender nuevos productos. Esa lógica tiene sentido. Lanzamos un producto, empieza a venderse, disfrutamos del flujo de caja positivo y queremos duplicar nuestros esfuerzos con otro producto. Repetir.

Pero eso solo tiene sentido si hemos saturado el mercado. Y la verdad es que la mayoría de las pequeñas empresas no han saturado el mercado.

Si podemos incrementar las ventas de los productos de alta rentabilidad que ya estamos vendiendo, intentémoslo antes de pasar por todo el trabajo que implica crear y lanzar un nuevo producto. En otras palabras, ¡avivemos la llama echando gasolina sobre lo que ya está ardiendo!

El dinero que necesitas para que tu empresa crezca puede estar justo delante de ti. ¿Tu tienda de mascotas obtiene grandes ganancias con una marca concreta de comida para perros? Duplica tu próximo pedido y haz una exhibición en la cabecera del pasillo, destaca esa comida para perros en tu próximo correo electrónico, apílala en el escaparate de la tienda y pídele a tu equipo de ventas que mencione lo buena que es esa marca a cada persona que entre a comprar un juguete para perro.

Si eres conocido por vender un producto concreto, es mucho más fácil vender más de ese producto que volverse conocido por vender otra cosa. Ambas cosas son posibles, por supuesto, pero es más fácil vender más de lo que ya se vende.

¿Puedes desprenderte de los productos que no te reportan ganancias?

Ahora que hemos redoblado la apuesta por lo que funciona, consideremos la posibilidad de desprendernos de los productos que no se venden.

Por supuesto, en ocasiones esto es difícil e incluso imprudente. Puede que no se gane mucho dinero con un paquete de chicles, pero la gente que entra en la tienda a comprar chicles a menudo compra un refresco grande, lo que es muy rentable. Sin embargo, excluyendo ese tipo de artículos —que generan pérdidas pero atraen clientes o compras más grandes—, seguro que hay otros productos de los que puedes prescindir que consumen demasiada energía mental y financiera. ¿Qué pasaría si eliminaras esos productos y centraras tu marketing en lo que ya funciona?

Entre los escritores de ficción existe un famoso principio que se aplica de igual manera a los negocios: «Mata a tus favoritos».

Esta frase ha ayudado a crear muchas obras maestras de la literatura y también puede ayudar a tu empresa a despegar.

No me canso de repetirlo: si puedes recortar productos y racionalizar tu oferta, hazlo hoy mismo.

Segundo ejercicio: añade productos nuevos y rentables a tu oferta de productos

Cuando dejas de desperdiciar recursos valiosos de marketing y ventas en productos que no te reportan ganancias y reasignas esos recursos a productos que sí te hacen ganar dinero, las alas de tu avión se expanden y lo sostienen mejor. Optimizar el rendimiento de tus alas al clasificar tus productos y asignar más recursos de ventas y marketing a lo que ya funciona es el primer paso. El segundo es crear más productos que sean tanto o más rentables que los de mayor rendimiento.

Cuando estés ideando un nuevo producto, plantéate esta pregunta: «¿Qué puedo lanzar al mercado que aporte más valor a mi cliente?».

Hay muchas categorías de productos por los que la gente está dispuesta a pagar un sobreprecio. Sin embargo, aquí te presento las seis categorías de problemas y ofertas de productos que las empresas más exitosas suelen abordar. También son áreas que puedes explorar para ampliar tu oferta de productos:

1. **Ganar dinero:** Si el producto que vendes va a ayudar a la gente a ganar dinero, vale dinero. Si vendes una franquicia, por ejemplo, estás vendiendo un negocio que la gente puede dirigir y con el que puede ganarse la vida. Si vendes productos al por mayor que otros

pueden revender más adelante, los estás ayudando a ganar dinero. El asesoramiento financiero, el coaching y la representación comercial son productos que ayudan a otras personas a ganar dinero. El marketing y la publicidad son grandes ejemplos de inversiones que la gente hace para obtener un rendimiento financiero. Si vendes certificaciones para que la gente pueda representar mejor tu marca, o formación sobre cómo invertir o vender, estás en condiciones de cobrar una prima porque, al fin y al cabo, se trata de una inversión financiera directa en la que tu cliente obtendrá un buen rendimiento.

2. **Ahorrar dinero:** Si tu producto les ahorra dinero a los clientes, ellos te pagarán un porcentaje de ese ahorro. Por ejemplo, si vendes paneles solares que a mediano plazo ahorrarán a tu cliente miles de dólares en la factura de la luz, puedes cobrar un porcentaje de ese ahorro. Si eres capaz de intermediar en una operación y ahorrar dinero a tu cliente, puedes cobrar un porcentaje de ese ahorro.

3. **Reducción de frustraciones:** Si tu producto es capaz de aliviar el estrés y la ansiedad, tienes un gran producto para vender. La gente pagará por una sensación de paz, calma y resolución. Las frustraciones más frecuentes son la falta de tiempo, la falta de organización o la falta de conocimientos. Servicios tan sencillos como pasear al perro encajan en esta categoría junto con servicios más elevados, como terapia o consejería.

4. **Ganar estatus:** Si tienes un artículo o producto de lujo que implica acceso limitado, la gente invertirá en tu

marca. Rolex vende un reloj de la misma calidad que muchos otros, pero la gente lo compra como forma de reconocer su éxito o sus logros. Un auto de lujo, un *penthouse*, incluso una mesa especial en un restaurante son ejemplos de productos *premium* que conllevan un elevado sentido del estatus.

5. **Crear conexión:** Si eres capaz de crear una comunidad de personas con ideas afines, dispondrás de una excelente oportunidad de producto para el que existe una gran demanda. El deseo de conexión humana con otras personas que experimentan retos o ambiciones similares es un bien valioso.

6. **Simplificar:** Cuando un cliente tiene un problema, no solo quiere resolverlo, sino hacerlo de la forma más fácil y sencilla posible. Si tienes un servicio con todo incluido que puede resolver el problema de tu cliente con un pago sencillo o quizás un método de suscripción, tienes un gran producto. La mayoría de los servicios de suscripción entran en esta categoría. Si me cortas el césped o me organizas la contabilidad, me estás simplificando la vida. Por eso, pagaré una prima.

Tres lugares seguros para empezar a crear ingresos rentables de inmediato

Ahora que conocemos seis tipos de ofertas que siempre tienen demanda, debemos determinar cómo podemos empaquetar esas ofertas como productos que ofrezcan el mayor valor y tengan el mayor efecto positivo en el balance final de nuestro negocio. He aquí tres grandes ideas:

1. **Suscripciones:** Ya sea que vendas toallitas de papel, asesoramiento financiero, comida para mascotas o hasta comida para humanos, convierte tu oferta de productos en una suscripción diaria, semanal o mensual. Permíteles a tus clientes elegir con qué frecuencia quieren recibir una bolsa de 40 libras de comida para perros y comienza a enviarla con la periodicidad acordada. Para ellos, esto supone una comodidad increíble; para ti, un flujo constante de ingresos rentables.

2. **Certificaciones:** Si vendes tu conocimiento especializado, considera la posibilidad de duplicarte mediante una certificación. Así es: puedes certificar a personas en casi cualquier tipo de conocimiento especializado que pueda convertirse en un pequeño (o gran) negocio. ¿Has pasado los últimos 20 años asesorando a aspirantes a jardineros? Aprovecha lo que sabes creando una certificación de consultor de jardinería doméstica.

3. **Crear paquetes de artículos:** A menudo, tus clientes no acuden a ti solo para comprar un producto, sino para resolver un problema. Por ejemplo, si tienes una tienda que vende tarjetas de felicitación, productos de papel y artículos para fiestas, considera la posibilidad de ofrecer un Paquete de Fiesta de Cumpleaños Infantil que incluya banderines, platos de papel, sombreros, etc. Los clientes que vengan a comprar unos globos y una pancarta descubrirán que todo su problema («¿Cómo decoro la fiesta de cumpleaños de mi hija?») puede resolverse con una simple compra. Si vas a crear paquetes de ofertas, empieza con los tres problemas más frecuentes que los clientes buscan que les resuelvas y crea paquetes en torno a esos problemas. Por ejemplo, el paquete Nuevo Cachorro es ideal para una tienda de mascotas y el

paquete de viaje El Mejor San Valentín de la Historia sería estupendo para cualquier agencia de viajes. Sé creativo. Recuerda que tus clientes no te buscan para comprar un producto, sino para resolver un problema. Organiza la solución a ese problema en un paquete y verás cómo aumentan tus ventas.

Tercer ejercicio: implementa un informe de producto

Una de las grandes ventajas de dirigir una pequeña empresa es que puedes tomar decisiones rápidamente. Hoy puede surgir de repente un servicio que ayer no existía. Las empresas más grandes se atascan en comités y pruebas de mercado, pero tú no.

Bueno, tengo malas noticias para ti. O quizá sean buenas. Depende de cómo lo veas. Se trata de lo siguiente: los procesos de creación de productos existen por una razón. A medida que creces, el espíritu emprendedor audaz puede ralentizarte porque cuanta más gente hay en la empresa, más difícil resulta hacer que el negocio cambie de dirección. Cuando una empresa es más grande y su líder visionario empieza a tomar decisiones rápidas, la mitad del equipo no tendrá ni idea de que la empresa ha tomado un nuevo rumbo y abundarán la confusión y la frustración.

La solución, incluso para las pequeñas empresas, es empezar a utilizar informes de producto.

Como un empresario visionario y que no teme a los riesgos, la idea de implementar informes de producto en tu empresa puede sonar tan beneficiosa como verter sirope para panqueques en un motor. Lo entiendo. Cuando nuestra empresa empezó a utilizar los informes de producto, estaba convencido de que el proceso sería engorroso y nos ralentizaría. Pero la cuestión es la siguiente:

el objetivo de un informe de producto es crear dudas. Y resulta que la duda es tu aliada. Si las ideas de tu equipo y las tuyas consiguen superar la serie de preguntas que conlleva un informe de producto, es mucho más probable que la idea evolucione y, en última instancia, afecte positivamente a los resultados. Por el contrario, no rellenar un informe de producto como forma de examinar tus ideas acabará frenando tu negocio con malos productos que saldrán al mercado y fracasarán.

Rellenar un informe de producto pone en marcha un proceso en el que tú y tu equipo pasarán una o dos semanas haciendo las diligencias necesarias antes de lanzar un producto o servicio. Durante el informe de producto, tú y/o tu equipo analizan si el lanzamiento de la nueva idea interferirá con los flujos de ingresos existentes, confundirá a los clientes, será rentable y sostenible o aumentará los gastos generales (el fuselaje del avión), causando más daños que beneficios.

A aquellos a los que les gusta improvisar e instalar las alas del avión mientras avanza a toda velocidad por la pista, créanme: reducir la velocidad para implementar un informe de producto hará que su negocio crezca un poco más despacio, pero muchísimo más.

Puede que nuestro estilo ágil y despreocupado nos haga sentir libres, pero la verdad es que estamos creando un montón de frustraciones a nuestro paso. Cuando decidimos crear un nuevo producto, cambiamos de rumbo una semana después y un mes más tarde olvidamos incluso que propusimos la idea, corremos el riesgo de agotar a nuestro equipo. No solo eso, sino que no tomarnos el tiempo de analizar nuestro plan y hacer las averiguaciones necesarias sobre su potencial equivale a actuar como aficionados. Si alguna vez decides vender tu empresa, los inversionistas y

compradores detectarán la falta de profesionalismo aproximadamente a mitad de la segunda reunión de análisis y se darán cuenta de que los procesos que tienes en marcha dependen totalmente
de ti y no se pueden duplicar. Esto devaluará tu empresa.

Realizar un proceso de informe de producto es vital si quieres
profesionalizar tu operación.

Conozco a un empresario que hizo enfadar tanto a su equipo
que todos se reunieron y le escribieron una carta colectiva. En
ella le expresaban que su estilo era demasiado espontáneo e in-
coherente, lo que dificultaba trabajar con él, y le explicaban en
detalle algunos procesos que facilitarían el trabajo de todos (para
servirle a él). La respuesta del dueño fue despedir a todo el personal. Algunos miembros de su equipo le habían servido fielmen-
te durante diez años. Aún hoy en día, se niega a hablar con ellos.
¿Cuál es el resultado? Está rodeado de un nuevo equipo de sir-
vientes sumisos y mal pagados que no le dan su opinión sincera
por miedo a represalias. Como consecuencia, suele hacer el ridí-
culo especulando públicamente lo que ofrecerá. Su negocio es
limitado. Aunque su empresa tiene un potencial de 100 millones
de dólares, nunca crecerá más allá de los tres o cuatro millones.

Quienes necesitamos altos niveles de control odiamos los informes de producto. Lo sé porque yo mismo solía ser un maniá-
tico del control. Para ser sincero, seguiría siéndolo si no hubiera
descubierto que los miembros de mi equipo son en realidad más
listos que yo, mantienen relaciones más estrechas con muchos de
mis clientes y recuerdan mejor que yo los errores que hemos co-
metido en el pasado. No me someto a los informes de producto
porque sea un buen jefe y empresario (aunque espero serlo). Lo
hago porque es un proceso fundamental para construir un negocio que sea mejor y más rentable.

El tipo de retroalimentación que recibo de los informes de producto se ve más o menos así: si implementáramos la idea propuesta, no seríamos coherentes con el gran anuncio que hicimos a principios de año. Confundiríamos a los clientes sobre quiénes somos y qué hacemos. Peor aún, restaríamos horas de trabajo necesarias a la creación de nuestros productos más rentables para experimentar con esta nueva idea.

También he visto cómo un informe de producto mejoraba enormemente una idea que ya era buena.

La cuestión es la siguiente: el informe de producto me proporciona una retroalimentación valiosa antes de invertir tiempo y dinero (gastos generales) en sacar ese producto al mercado.

Recibir comentarios negativos no siempre significa que haya que abandonar una idea. A menudo, el rechazo proporciona una valiosa lista de riesgos que deben mitigarse antes de lanzar una iniciativa.

Cada nueva idea, ya sea un producto, un servicio o un plan de marketing, es un ladrillo en las paredes de tu empresa. Si improvisas, construirás tu negocio mucho más rápido, pero muchos de los ladrillos estarán a medio cocer y agrietados. Sí, un informe de producto ralentizará el día a día de la empresa, pero cuando lo implementes, tu negocio se hará más fuerte y fiable.

En el proceso de diseñar un avión, los ingenieros prueban modelos de alas en túneles de viento. Unos ligeros retoques en el diseño pueden incrementar el ahorro de combustible, aumentar la sustentación y reducir la resistencia. Sin el túnel de viento, habría que construir el avión entero para probar las alas. Esto elevaría enormemente los costes en caso de que se necesitara rehacer un diseño improvisado o, peor aún, desecharlo por completo.

Los informes de producto son el túnel de viento al que debes someter a tus productos antes de lanzarlos al mercado.

Utiliza los informes de producto para cualquier iniciativa importante

Los informes de producto no solo se pueden utilizar para los productos. En mi empresa, los utilizamos tanto para una nueva iniciativa de marketing como para un nuevo producto. Cuando reflexiono sobre todos los intentos fallidos de marketing que le lanzaba a mi equipo antes de que usáramos informes de producto, me pregunto cuánto tiempo perdimos experimentando con ideas que podrían haberse «probado» mediante la Hoja de Trabajo de Informe de Producto.

Si quieres crear productos que se vendan, iniciativas de marketing que funcionen y una cultura empresarial estable, implementa un informe de producto hoy mismo.

La Hoja de Trabajo de Informe de Producto

La Auditoría de Rentabilidad de Producto y la Hoja de Trabajo de Informe de Producto se encuentran en tu Plan de Vuelo para Pequeñas Empresas.

Las preguntas de la Hoja de Trabajo de Informe de Producto que aplican dependerán del producto o la iniciativa de marketing que estés presentado. Utiliza aquellas que susciten una conversación reflexiva en torno a esta importante decisión empresarial e ignora el resto.

Hoja de Trabajo de Informe de Producto   🦅 **Business Made Simple**

Líder del proyecto _____

NOMBRE DEL PRODUCTO

1. ¿Cuál es el nombre del producto? _____

2. ¿Describe bien al producto y sugiere el valor?
_____

3. ¿El nombre resultará confuso o creará problemas en el mercado?
_____
_____

DESCRIPCIÓN DEL PRODUCTO

1. ¿Qué problema les soluciona el producto a nuestros clientes?
_____
_____

2. ¿Cómo les soluciona el problema a los clientes?
_____
_____

3. Describe los beneficios que experimentará el cliente si usa el producto:
_____
_____

4. Describe las características del producto y cómo va a ayudar a los clientes:
_____
_____

MENSAJE CENTRAL

1. ¿A quién le estamos vendiendo esto?
_____

2. ¿Tenemos acceso al mercado objetivo para este producto y, si es así, cómo?
_____
_____

3. ¿Cómo vamos a definir el problema del cliente para el marketing colateral?
_____
_____

Accede a una versión digital rellenable en SmallBusinessFlightPlan.com

4. ¿Cuál es nuestro *one-liner*?

INVESTIGACIÓN DE MARKETING DE ALTO NIVEL

1. ¿Existe evidencia de la demanda de este producto en el mercado?

2. ¿Les hemos enviado una encuesta a nuestros clientes para asegurarnos de que ellos desean este producto? ¿Cuáles fueron las preguntas en la encuesta y cuáles fueron los resultados?

3. Si ofrecemos este producto, ¿contra quién estaremos compitiendo?

   a. ¿Nuestro precio es mayor o menor que el de la competencia?

   b. ¿Cómo estamos posicionados en relación con la competencia? (¿Qué vuelve mejor a nuestro producto?)

INFORMACIÓN FINANCIERA

1. ¿Cuál es el precio del producto y cómo lo decidimos?

2. ¿Será rentable?

3. ¿Cuánto nos costará producirlo? ¿Cuánto nos costará mantenerlo? (¿Necesitamos contratar personal extra, soporte técnico, etc.?).

4. ¿Quién será responsable de los ingresos relacionados con este producto?

Accede a una versión digital rellenable en SmallBusinessFlightPlan.com

PROYECCIONES DE VENTA (BASADAS EN LA CLIENTELA ACTUAL)

1. ¿Cuáles son los objetivos de venta para los 30-60-90 días?

   _____   _____   _____

2. ¿Cuál es la previsión de ingresos para el primer año en relación con este producto?

   _____

3. ¿Cuál es el objetivo de unidades vendidas en el primer año?

   _____

VALIDACIÓN DEL PRODUCTO

1. ¿Causará este producto algún problema con los productos existentes?

   _____
   _____

2. ¿Le molestará este producto a algún cliente actual o futuro? ¿Por qué?

   _____
   _____

FECHAS CLAVES

1. ¿Cuándo se lanzará este producto?

   _____

2. ¿Cuándo se creará la página de destino de este producto?

   _____

3. ¿Cuándo se hará el anuncio previo al lanzamiento a los clientes actuales?

   _____

PLAN DE VENTAS Y MARKETING

1. ¿Cuándo comprobaremos los componentes clave de ventas y marketing de este producto?

   a. *One-liner*: _____
   b. Página de destino: _____
   c. Generador de clientes potenciales: _____
   d. *Nurture* o correos electrónicos de ventas: _____
   e. Colateral social: _____

Accede a una versión digital rellenable en SmallBusinessFlightPlan.com

Tus productos determinan tu progreso y tus ganancias

Reitero: la mayoría de los líderes empresariales no piensan en optimizar su oferta, pero lanzar el nuevo producto adecuado puede ser una forma rápida de mejorar el balance final.

Si haces las siguientes tres cosas, las alas de tu avión estarán optimizadas y tu negocio crecerá:

1. Clasifica tus productos en función de su rentabilidad; considera la posibilidad de desprenderte de los productos que no sean rentables o no tengan demanda.
2. Preséntales a tus clientes nuevos productos que aumenten tus ingresos y ganancias.
3. Implementa un informe de producto que garantice el éxito de los nuevos productos e iniciativas.

Ahora que hemos fijado una misión para nuestro negocio, puesto en marcha nuestros motores de marketing y ventas, e impulsado nuestro negocio optimizando nuestra oferta de productos, es hora de adelgazar el fuselaje de nuestro avión. El siguiente paso para hacer crecer tu negocio consiste en utilizar un manual de gestión y productividad. Si te cuesta alinear a tu equipo y te preguntas si sus miembros realmente saben lo que deberían hacer, nuestro *Manual de gestión y productividad simplificadas* resolverá tu problema.

Gastos generales y operaciones

PASO 5:
El fuselaje

Optimiza tus gastos generales y operaciones con el Manual de gestión y productividad simplificadas

El Paso 5 te ayudará a resolver estos problemas:

- Hay demasiadas personas con demasiadas responsabilidades.
- Los miembros del equipo no reciben retroalimentación sistemática.
- Tu cultura empresarial parece más un caos organizado.
- Tus directivos necesitan mejores habilidades de gestión.
- Hay demasiadas reuniones y no son productivas.

- **Los miembros de tu equipo no están lo suficientemente enfocados.**

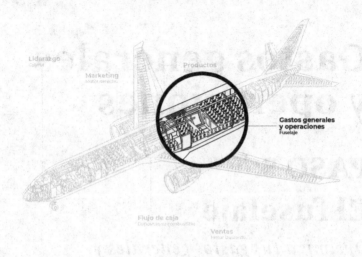

• • •

Un avión con un fuselaje demasiado grande para que lo soporten las alas y los motores se estrellará. Por eso, al abordar uno de esos pequeños aviones comerciales tienes que agachar la cabeza. Hay una razón por la que los aviones parecen lápices voladores. Se debe a que la forma, el tamaño y el peso del fuselaje deben ser lo más delgados y aerodinámicos posible para mitigar la necesidad de potencia, sustentación y combustible del avión.

Nuestras pequeñas empresas funcionan de la misma manera. Los productos que vendemos y los esfuerzos de ventas y marketing que mueven esos productos deben compensar (y, con suerte, compensar con creces) los gastos generales necesarios para llevar a cabo nuestras operaciones cotidianas.

Si quieres que un avión vuele, haz que las alas sean anchas, los motores derecho e izquierdo potentes y el fuselaje aerodinámico y ligero. En otras palabras, si quieres que tu pequeña empresa gane dinero, haz que los motores de marketing y ventas sean potentes, que el producto sea rentable y que los gastos generales sean bajos.

Así que la pregunta es: ¿Cómo podemos reducir nuestros gastos generales?

Si tuvieras que reducir tus gastos generales en un 20 % para mañana, ¿por dónde empezarías? Muchos de nosotros revisaríamos los extractos de nuestras tarjetas de crédito o comenzaríamos a listar los servicios de suscripción mensual que nunca utilizamos. Aunque se trata de buenos puntos de partida, ahorrar dinero es solo una parte de la ecuación. Para la mayoría de las pequeñas empresas, los gastos generales no proceden de esos conceptos. La verdad es que tus mayores gastos no son las suscripciones mensuales ni ese representante de ventas que anda por ahí con la tarjeta de crédito de la empresa.

Para las pequeñas empresas, los gastos generales descontrolados casi siempre proceden de un mismo lugar: la mano de obra.

El incremento de los gastos generales puede hundir una empresa. La tecnología y el alquiler también pueden ser caros, pero es la mano de obra lo que estrella un avión más rápido que otra cosa. El mayor gasto siempre ha sido la mano de obra. Incluso si eres un emprendedor independiente, es probable que dependas de cuentapropistas y proveedores para hacer el trabajo pesado, y que la mano de obra esté haciendo que el fuselaje de tu avión se expanda más rápido que un globo en una fiesta de cumpleaños.

Cuando me reúno con propietarios de pequeñas empresas, suelo escuchar la misma historia en relación con los gastos generales: el negocio iba bien, así que el propietario contrató a algunas personas para que lo ayudaran; entonces, el coste de la mano de obra fue mayor de lo que habían previsto. Además, dirigir al nuevo personal lo sacó de su punto óptimo. Una vez que el propietario se encontró fuera de su punto óptimo, las ventas se ralentizaron un poco pero el coste de la mano de obra siguió siendo el mismo y entonces, cuando el morro del avión empezó a inclinarse hacia el suelo, hubo que despedir a todos los que acababan de ser contratados.

Si la mano de obra es el gasto que más afecta a los gastos generales, ¿cómo podemos reducirlos? Supondríamos que la respuesta está en despedir personal.

De hecho, cuando los equipos de reestructuración intervienen en grandes empresas para estabilizar un avión que cae en espiral, lo primero que hacen es analizar la mano de obra y empezar a despedir gente. La reducción del espacio de oficinas y la racionalización de la tecnología no se llevan a cabo hasta pasados unos meses porque el problema suele ser la mano de obra, la temida mano de obra.

Si quieres reducir el peso de tu avión y aerodinamizar el fuselaje, abre las puertas de emergencia y empieza a lanzar asientos a las nubes. Cuantas menos personas haya dentro, mejor. Lamentablemente, para muchos de nosotros, propietarios de pequeñas empresas, esto significa deshacerse de tu tía, que lleva la contabilidad, de tu mejor amigo de la secundaria, que ayuda con la tecnología, y de tu sobrino, que limpia todas esas piezas antes de que las envíen a ser soldadas.

Recortar la nómina a menudo significa cortar relaciones con la gente que quieres, ser repudiado por tu familia y convertirte en ese capitalista codicioso que solo se preocupa por sí mismo y por su dinero. Sé que es duro, pero hay que hacerlo y hay que hacerlo rápido. En la búsqueda de la grandeza debemos tener el corazón frío, ¿no?

No necesariamente.

Si consigues que tu mano de obra se vuelva más eficiente con un manual de gestión y productividad simplificadas que transforme todos esos asientos en el fuselaje del avión en adiciones de alto rendimiento para las alas y los motores, el resto del avión crecerá en proporción hasta corresponderse con el fuselaje. ¿Y si, en lugar de despedir a todo el mundo, tu fuerza laboral completa se convirtiera en un grupo de profesionales enfocados en construir el negocio y contribuir de manera significativa al balance final? Eso significa que tu negocio empezaría a crecer y tus gastos generales se transformarían en una inversión en lugar de un gasto.

Sí, es importante que revises las facturas de tu tarjeta de crédito y que canceles algunas de esas suscripciones mensuales, pero, no te equivoques: lo primero que puedes hacer para optimizar tus gastos generales y conseguir que tu esbelto avión se deslice por el aire tan rápido que se le caiga la pintura es implementar un manual de gestión y productividad simplificadas.

El manual que te proporcionaré en este capítulo no reducirá tus gastos generales de inmediato. Si tu avión está cayendo en picada, es posible que debas despedir a algunas personas. Odio decir esto, pero a veces los despidos son necesarios para salvar el avión. Pero si tienes un poco de tiempo antes de quedarte sin dinero, aún podemos volver más eficiente tu plantilla para que el trabajo se haga en menos tiempo, y hacer que este se centre en las tres prioridades económicas que definiste en tu Misión. Esto, a su vez, puede evitar que tu empresa se estrelle.

Cuando tu mano de obra se enfoque en tus tres prioridades

económicas, fluirá más dinero hacia la empresa. A su vez, esto permite que las alas, los motores, los depósitos de combustible y la cabina compensen tus abultados gastos generales. La mejor manera de reducir el tamaño del fuselaje de tu avión no es reducirlo en absoluto, sino hacer que el resto del avión sea más grande mientras tu nómina se mantiene exactamente igual (salvo las comisiones para tus representantes de ventas y las bonificaciones basadas en las ganancias, que se espera que aumenten).

Incluso si no tienes problemas con tus gastos generales, es una buena idea implementar un manual de gestión y productividad simplificadas por muchas razones. Optimizar tu flujo de trabajo aumentará tus ganancias, motivará a tu equipo y elevará la moral. Además, tus clientes recibirán una atención más personalizada y la calidad de tus productos y servicios mejorará.

El problema aparentemente irresoluble

Cuando creé mi pequeña empresa, no necesitábamos un manual de gestión y productividad simplificadas. Solo tenía un miembro en el equipo y nos reuníamos todas las mañanas para hablar de lo que íbamos a hacer ese día. El sistema era fluido y eficaz. Después, se sumó otro miembro al equipo. Sin duda, un tercer miembro añadía un nivel de complejidad, pero como todos trabajábamos en la misma pequeña oficina, la comunicación era estupenda y rara vez nos confundíamos sobre lo que se suponía que teníamos que hacer.

A medida que el negocio crecía, añadimos un par de diseñadores cuentapropistas, luego programadores y, por último, redactores y videógrafos. Como probablemente sepas, cuando algunos miembros de tu equipo (autónomos o no) trabajan a distancia, resulta más difícil alinear el flujo de trabajo. Recuerdo que una vez, al escuchar por casualidad una conversación telefónica, me di cuenta de que uno de nuestros contratistas se había pasado la semana anterior trabajando en un proyecto que habíamos cancelado el mes anterior. El trabajo de una semana entera se había perdido. Así es como los gastos generales se nos van de las manos: cuando el trabajo de los miembros de un equipo no respalda las prioridades económicas de la empresa. Cuando este tipo de cosas se salen de control, la empresa se viene abajo.

Lamentablemente, la mayoría de las pequeñas empresas nunca se dan cuenta de que el fuselaje del avión está ganando demasiado peso. Como líderes, nos sentamos en la cabina definiendo destinos y trazando nuestro rumbo mientras el resto de la tripulación se pregunta hacia dónde vamos y por qué. Son buenas personas, trabajan duro e incluso crean trabajo cuando no se les dan objetivos claros. Si no tenemos cuidado, es fácil que acabemos pilotando un avión lleno de personal enfrascado en labores improductivas.

Para asegurarme de que todos en el equipo estaban bien dirigidos, ascendí a uno de nuestros líderes a jefe de personal y eso ayudó, pero era un cargo que nunca había ocupado antes y, sin un sistema formal, los resultados fueron mixtos. Siempre parecía haber una desconexión entre la cabina y el fuselaje porque los directivos en la cabina estaban demasiado ocupados trazando el rumbo y llenando los depósitos de combustible. Como no nos reuníamos periódicamente con los miembros de nuestro equipo ni les dábamos un manual que poner en práctica, nuestros esfuerzos para estabilizar el avión no funcionaban. Aún teníamos a miembros del equipo yendo de un lado para otro sin saber muy bien en qué tenían que trabajar.

Cuando nos dimos cuenta de que no podíamos resolver el problema nosotros solos, contratamos a un ejecutivo de una gran empresa para que nos ayudara, pero eso fue un error. Las grandes empresas suelen resolver este tipo de problemas invirtiendo enormes cantidades de dinero. Excelente si tienes un presupuesto de mil millones de dólares, pero eso nunca funciona con una pequeña empresa. Las pequeñas empresas tienen que funcionar con poco personal y no tienen tiempo para formar juntas directivas, organizar grupos de prueba, perfeccionar las prácticas de contratación, etcétera. Los propietarios de pequeñas empresas no podemos permitirnos el despilfarro que una gran empresa ha incorporado a sus márgenes.

Como contratar a especialistas no funcionó, empezamos a entrevistar a consultores de varias empresas de gestión y productividad. Contratar a un consultor que pudiera ayudarnos a implementar la gestión ajustada o algún otro sistema de productividad ascendía a 100 000 dólares al año. No disponíamos de tanto dinero.

Las soluciones que investigamos eran complejas y, además, parecían diseñadas para organizaciones mucho más grandes que la nuestra. En aquel momento, empleábamos a unas doce personas, junto con una docena de contratistas. Los sistemas de gestión y productividad de que disponíamos estaban pensados para empresas con cientos o miles de empleados.

Lo que realmente necesitábamos era un manual de gestión y productividad simplificadas para la pequeña empresa.

Gestión y productividad simplificadas al rescate

No fue sino hasta cuando mi amigo Doug Keim entró en la cabina que empezamos a optimizar nuestro flujo de trabajo. Doug es un viejo amigo que venía de una gran compañía y se unió a nuestro equipo como un favor. Había sido mi mentor desde hacía unos años y, aunque había pasado la mayor parte de su carrera transformando empresas multimillonarias, se interesó por mí y por mi pequeña empresa. Tan pronto terminó de liderar un cambio de rumbo de tres años en una gran compañía de Atlanta, le pregunté si estaría dispuesto a pasar un año con nosotros para crear un manual de gestión y productividad simplificadas para pequeñas empresas. Le expliqué que tendríamos que crear este manual desde cero; sencillamente, no existía algo así en el mundo empresarial: «La mayoría de las pequeñas empresas se lo inventan sobre la marcha». Doug lo entendió y pensó que disfrutaría el reto. Bajo su dirección, diseñamos un sistema de gestión y productividad que utilizamos en nuestra propia empresa.

Lo llamamos *Manual de gestión y productividad simplificadas* porque era sencillo de implementar, fácil de usar y, lo más importante, funcionaba.

Era increíble ver trabajar a Doug. Pasaba todo su tiempo en el fuselaje del avión, ayudando a todo el mundo a aclarar sus objetivos y a superar dificultades. Su personalidad se parecía más a la de un entrenador de baloncesto que a la de un ejecutivo. Se reunía con el equipo, preparaba las jugadas y luego los dejaba libres en la cancha durante unos minutos, permitiéndoles usar su intuición dentro de los límites de unos objetivos. Cuando el equipo se dejaba llevar demasiado, volvía a llamarlos, les recordaba los objetivos, les preguntaba si tenían alguna sugerencia o si querían modificar un poco el plan, hacía los ajustes que consideraba positivos y los enviaba de nuevo a la cancha.

Finalmente, mi empresa empezó a crecer. No solo creció, sino que lo hizo durante una temporada en la que estaba destinada a reducirse, si no a hundirse por completo. Cuando contratamos a Doug, dependíamos en un 75 % de que las personas se subieran a un avión para asistir a nuestros talleres de marketing y ventas. Solo unos meses después de que Doug se uniera al equipo y empezara a implementar nuestro nuevo *Manual de gestión y productividad simplificadas*, la pandemia del Covid-19 paralizó la mayor parte del mundo. Fuimos testigos de cómo toda una región de China se cerraba a causa del virus y empezamos a oír rumores de que lo mismo ocurriría en los Estados Unidos. Me parecía un escenario inverosímil, pero mis amigos empezaron a llamarme para contarme que su hermano, su tío o su sobrina —que trabajaban en el Departamento de Estado o estaban en la Guardia Nacional— estaban oyendo rumores crípticos. Enseguida me di cuenta de que, independientemente de cuál fuera la verdad, el ecosistema económico se vería alterado muy pronto.

Mi mente estaba dividida. Una parte de mí creía que nuestro pequeño avión podría mantenerse milagrosamente en el aire, mientras que la otra parte intentaba encontrar un lago o estanque donde acuatizar.

¿Cómo sobrevivió una empresa de coaching presencial a una pandemia mundial en la que se paralizó la movilidad? El *Manual de gestión y productividad simplificadas* acudió al rescate.

Ya habíamos establecido nuestras tres principales prioridades económicas. Esta medida por sí sola contribuyó a agilizar nuestro flujo de trabajo más que cualquier otra cosa que hubiéramos hecho en la historia de la empresa. Utilizando el nuevo *Manual de gestión y productividad simplificadas*, dividimos los doce meses siguientes al cierre en *sprints* de tres semanas, cada uno de ellos dedicado a una de las prioridades económicas. Pasamos de los eventos presenciales a los talleres en línea (algo que nuestros clientes llevaban años pidiéndonos) y revisamos nuestros mensajes de marketing para centrarnos en una oferta de valor relevante: sobrevivir a la pandemia. Confieso que la pandemia reforzó nuestro enfoque y añadió un sentido de urgencia. En nuestras reuniones directivas nos concentramos con la intensidad de un equipo que intenta ganar un campeonato nacional. Nos recordábamos a nosotros mismos nuestras tres prioridades económicas, definíamos y asumíamos diferentes tareas, y volvíamos a trabajar por lo menos un día más, aunque solo fuera eso.

Los resultados fueron sorprendentes. Cuando nuestra pequeña empresa debería haberse estrellado contra un estanque ganadero de Kansas, crecimos más de un 20 % en ingresos y casi un 30 % en ganancias. No despedimos a ningún miembro del equipo e incluso añadimos contratistas para que nos apoyaran con la carga laboral. Triplicamos nuestro fondo para imprevistos (piensa en ello como añadir mil libras de combustible al depósito de reserva, y todo mientras estábamos en el aire) y repartimos primas a final de año. El manual funcionó. Como el manual funcionó tan bien, todavía lo utilizamos, y creo que, sin importar cuánto crezcamos, en veinte años lo seguiremos utilizando.

Cualquier pequeña empresa puede utilizar el *Manual de gestión y productividad simplificadas* para optimizar su flujo de trabajo, aumentar la productividad (y los ingresos) y subir la moral que tan a menudo sufre cuando a la gente no se la entrena ni se la incentiva lo suficiente.

Implementar el *Manual de gestión y productividad simplificadas*

Todo lo que necesitas para utilizar el *Manual de gestión y productividad simplificadas* es empezar a celebrar cinco reuniones distintas. Sé que suena como un montón de reuniones, teniendo en cuenta que quizá ya estás asistiendo a demasiadas, pero estas justamente están diseñadas para reemplazar a la mayoría de aquellas que hoy entorpecen tu trabajo. Algunas de estas cinco reuniones duran tan solo cinco minutos y tú, el líder de la empresa, no tendrás que asistir a todas.

De hecho, el número de reuniones internas a las que debo asistir como líder de mi pequeña empresa se redujo a la mitad cuando empezamos a implementar el manual. Gracias a eso ahora tengo más tiempo libre. Nuestras reuniones tienen un horario fijo, lo que me permitió establecer un ritmo repetitivo que creó un flujo de trabajo manejable. Además, por esa misma época, mi mujer y yo tuvimos a nuestro primer hijo. Creo sinceramente que sin el *Manual de gestión y productividad simplificadas* no habría podido estar tan presente como marido y padre como lo he estado. Me encanta mi nuevo horario y creo que estamos preparados para años de crecimiento empresarial. No solo esto, sino que el manual contribuye positivamente a mi salud personal y familiar.

Las cinco reuniones

Más adelante en este capítulo compartiré contigo un manual y plantillas para reuniones que agilizarán tus operaciones. Por ahora, sin embargo, he aquí una breve descripción de las cinco reuniones que celebramos como equipo.

La Reunión General de Personal
Cada lunes a las diez de la mañana se reúne todo el personal;
algunos asisten en persona y otros virtualmente. El objetivo de
esta reunión es triple:

1. Mantener la alineación y el enfoque en torno a las tres
   prioridades económicas.
2. Poner al día a todo el equipo sobre cualquier iniciativa
   o éxito de alguno de los departamentos.
3. Mantener la moral alta y reconocer públicamente a los
   miembros del equipo cuyo trabajo excepcional ayuda a
   conseguir sus tres prioridades económicas.

La Reunión General de Personal es la más larga y dura entre
45 minutos y una hora. La energía de esta reunión debe ser alta
y te ayudará a crear un ambiente de familiaridad. Antes de la
reunión debe rellenarse una plantilla específica. Esta plantilla
garantiza una planificación cuidadosa de la reunión, para que
contribuya a las prioridades económicas.

La Reunión Directiva
La Reunión Directiva tiene lugar inmediatamente después de la
Reunión General de Personal. Esta incluye a los jefes de departamento y su objetivo es hablar de las principales iniciativas en
marcha, así como abordar cualquier obstáculo que esté frenando
sus objetivos económicos. Suele durar entre media hora y una
hora, en función del número de iniciativas que tu equipo tenga
que cubrir esa semana.

Para planificar esta reunión se utiliza la plantilla de Reunión
Directiva, que rellenarás tú o el miembro del equipo encargado

de la reunión. Rellenar la plantilla garantiza que cada Reunión Directiva ayude a la empresa en general a alcanzar las tres prioridades económicas actuales.

La Stand-up *de Departamento*

Si tu pequeña empresa tiene más de cinco o seis miembros, y estos están divididos en dos o tres departamentos, puede que te interese empezar a celebrar reuniones de departamento. Si tu equipo tiene menos de dos o tres miembros, quizá solo necesites una Reunión General de Personal o una Reunión Directiva. De ser así, querrás celebrar esa Reunión General de Personal unas tres o cuatro veces por semana. Realiza una reunión más larga los lunes y asegúrate de que los demás días los encuentros sean breves; para orientar estas conversaciones, utiliza la Plantilla de *Stand-ups* de Departamento. A medida que tu equipo crezca, cada departamento deberá celebrar reuniones en las mañanas, cuando no haya Reunión General de Personal.

Estas reuniones duran menos de 15 minutos y ayudan a garantizar que cada departamento esté trabajando en una o varias iniciativas que apoyen las tres prioridades económicas de la empresa. Durante esta reunión, los jefes de departamento fijan los objetivos para el día y abordan cualquier obstáculo que los miembros del equipo puedan estar experimentando en relación con el flujo de trabajo del día anterior. Antes de la reunión se llena una plantilla de *Stand-ups* de Departamento.

La Revisión Rápida de las Prioridades Individuales

A medida que tu equipo crece, cada nuevo miembro querrá saber si está haciendo bien su trabajo. La formación continua es fundamental para mantener la productividad y la moral altas.

Una vez que tu equipo tenga entre cinco y diez personas divididas en departamentos separados, cada semana el jefe de departamento deberá reunirse con cada uno de los miembros de su equipo para realizar una revisión rápida de las prioridades individuales. Estas reuniones también duran unos 15 minutos y están diseñadas para profundizar en las responsabilidades de cada persona en el contexto de su equipo. El propio miembro del equipo rellena la plantilla de revisión rápida de las prioridades individuales antes de la reunión. Esta plantilla garantiza que la reunión se ha planificado cuidadosamente para que cada miembro del equipo se sienta respaldado en su contribución a las prioridades económicas de la empresa en general.

Aunque pueda parecer que esta reunión añade demasiado a tu flujo de trabajo, recuerda dos cosas: la reunión solo dura 15 minutos por miembro del equipo y son los jefes de departamento (no tú) quienes celebran estas reuniones.

Como los jefes de departamento están prestándoles la atención individual que necesitan, los miembros de tu equipo se sentirán respaldados y tú experimentarás un aumento de la moral.

Si eres un emprendedor independiente, por supuesto, esta reunión no será necesaria, pero puede ser una forma estupenda de rendir cuentas de tus propias prioridades económicas y personales. Dicho esto, si tienes una nómina pequeña, considera la posibilidad de realizar la Revisión Rápida de las Prioridades Individuales una vez a la semana (o al menos una vez al mes) con cada miembro del equipo. Utiliza la plantilla de Revisión Rápida de las Prioridades Individuales para guiar la reunión y asegúrate de que los miembros de tu equipo la hayan rellenado antes. Te sorprenderá cuánto tiempo se ahorra celebrando estas reuniones. No solo eso, sino que tu equipo te respetará aún más por prestarles la atención individual que anhelan, aunque solo sean 15 minutos cada semana.

Evaluaciones Trimestrales del Desempeño

Hasta ahora, nuestras reuniones han girado en torno a generar concentración y productividad. Pero aún no hemos abordado el desempeño.

En la Evaluación Trimestral del Desempeño valorarás detenidamente el trabajo de cada miembro del equipo. Te formularás preguntas como: ¿Llegan tarde a menudo? ¿La calidad de su trabajo es deficiente? ¿Cómo podría la dirección ayudarlos a mejorar? Estas conversaciones son una mezcla entre gestión y coaching en la que cada uno de tus directores ayuda a los miembros de tu equipo a entender cómo mejorar en su carrera profesional. Si lo deseas, la Evaluación del Desempeño del cuarto trimestre puede vincularse a una estructura de primas y retribuciones.

Tus Evaluaciones Trimestrales de Desempeño abordan la pregunta número uno que se hace la mayoría de los miembros del equipo: «¿Estoy haciendo un buen trabajo?». Estas reuniones son en su mayoría positivas, pero como son un poco más largas y tanto el miembro del equipo como el jefe de departamento rellenan la plantilla de revisión trimestral del desempeño, se fomenta una conversación sincera y se crea un entorno natural y saludable para el coaching y la mejora.

Las Evaluaciones Trimestrales del Desempeño, como indica su nombre, tienen lugar una vez al trimestre.

Las cinco reuniones que transformarán tu empresa y optimizarán tus gastos generales y operaciones

Estas son las cinco reuniones que harán crecer tu pequeña empresa. Hay otras, por supuesto, pero si a medida que creces implementas la Reunión General de Personal, la Directiva, la *Stand-up* de Departamento, la Revisión Rápida de las Prioridades Individuales y la Evaluación Trimestral del Desempeño, te aseguras de que la información importante fluya de persona a persona sin bloqueos, aumentando la eficiencia.

Cuando hablo de eficiencia, me refiero al flujo de energía hacia las alas y los motores. La energía utilizada para agrandar las alas o aumentar el empuje de los motores genera más ingresos para la empresa y, por tanto, puede considerarse una inversión. Por el contrario, aquella que se destina al fuselaje del avión (aunque a menudo es necesaria para las tareas administrativas) debe considerarse un gasto porque no se traduce directamente en creación de ingresos.

Cuando la energía de un miembro del equipo contribuye a las alas y a los motores, no afecta el tamaño y el peso del fuselaje. El *Manual de gestión y productividad simplificadas*, por tanto, está diseñado para trasladar la energía estancada en el fuselaje a las alas y a los motores del avión, disminuyendo así la relación entre resistencia y empuje.

Puede que este manual no se ajuste perfectamente a tus necesidades. No obstante, siéntete libre de utilizar las plantillas para crear tu propio manual híbrido de gestión y productividad. Te aseguro que funcionará bastante mejor que muchos de los sistemas de consultoría de seis cifras que estas firmas intentarán introducir en tu negocio.

¿Son estas las reuniones que sustituyen a la mayoría de las reuniones?

Puede que veas estas cinco reuniones y no te guste. ¿Cómo añadir más reuniones a tu agenda actual? Lo entiendo. Sin embargo, estas reuniones están diseñadas para reemplazar todos esos encuentros de «¿podemos reunirnos?» que están atascando tu agenda.

No solo eso, sino que, como propietario de la empresa o persona que la dirige, solo asistirás personalmente a tres de ellas: la Reunión General de Personal, la Directiva y (algunas de) las Evaluaciones Trimestrales del Desempeño. El resto las dirigen los jefes de departamento.

El *Manual de gestión y productividad simplificadas* no solo está diseñado para agilizar las reuniones de dirección y gestión, sino para aumentar la concentración y reducir las reuniones de todos y cada uno de los miembros del equipo. ¿No volverás a tener una reunión fuera de programa por haber implementado el *Manual de gestión y productividad simplificadas*? Lamentablemente, no: seguirás teniendo reuniones externas con clientes, personal, líderes de otras empresas y proveedores. No obstante, podrás asistir con la certeza de que tu negocio no va a perder el enfoque en tu ausencia, lo que hará esas reuniones externas más placenteras. De hecho, te percatarás de que en esas reuniones externas estás totalmente presente, pues en casa las cosas funcionan a la perfección.

¿Quién debe dirigir el *Manual de gestión y productividad simplificadas?*

Otra inquietud que podrías tener es que poner en práctica estas cinco reuniones te llevará una enorme cantidad de tiempo. Si con solo leer acerca de ellas sentiste esa preocupación calarte los huesos, es probable que no seas la persona adecuada para implementar el *Manual de gestión y productividad simplificadas*. No todo el mundo está preparado para poner en práctica un manual de gestión y productividad. Si yo hubiera tenido que implementar el manual en mi propia empresa, probablemente nunca lo habríamos hecho y mi empresa habría sufrido.

Te aseguro que el problema no es que no sea un buen manual. Creo que es excepcionalmente sencillo y eficaz. La razón por la que nunca lo habría implementado es porque no soy un operador, soy un artista/empresario.

Por lo general, a la cabeza de una pequeña empresa exitosa hay tres tipos de líderes: el artista, el empresario y el operador.

El artista
El artista está obsesionado con los productos y su creación. Le importa cómo funciona un producto, si los clientes están satisfechos con él y cómo se lanza al mercado. El artista suele ser un visionario que «ve el futuro» en relación con la empresa y cómo sus productos afectarán a sus clientes. Sin el artista, la empresa no cambiará el mundo ni creará productos revolucionarios.

El empresario
El empresario siempre está buscando oportunidades de ingresos y crecimiento. Al observar el mundo, vislumbra una oportunidad

para expandirse. A menudo le gusta tomar ideas existentes, llevarlas al mercado y ampliarlas. Si la empresa no crece, no está contento. Sin el emprendedor, la empresa no logrará rentabilizar la visión del artista.

El operador

Al operador le encanta organizar el caos. Le encanta organizar el caos porque lo detesta. Quiere dividir el flujo de trabajo en sistemas y procesos predecibles y replicables para que todos sepan lo que se espera de ellos, cumplan con su trabajo y reciban la compensación adecuada. Sin un operador que ayude a hacer funcionar la maquinaria, los empleados se cansan del artista y el empresario y buscan trabajo en otra parte.

Esta es la persona que estás buscando para que implemente el *Manual de gestión y productividad simplificadas*. Si le encargas esta tarea a un artista, se olvidará del 75 % de las reuniones y, cuando aparezca, lo más probable es que se ponga a pontificar salvajemente sobre lo grandioso que será el futuro, todo mientras escucha un álbum de los Beatles —probablemente al revés— y le pregunta a un subordinado directo si puede «oírlo».

Cuando Doug se incorporó al equipo, no solo le pregunté si podía ayudarnos a diseñar un sencillo manual de gestión y productividad. También le pedí que implementara el manual mientras capacitaba a un colaborador para gestionarlo una vez que estuviera en pleno uso. La persona a la que Doug formó se llama Kyle Willis. Después de que Doug nos dejara para ir a reformar otra gran empresa, Kyle se hizo cargo del manual y ha gestionado el sistema de reuniones a la perfección. Puedo afirmar con certeza que, bajo el liderazgo de Kyle, el *Manual de gestión y productividad simplificadas* ha ayudado a nuestro negocio a entrar en su temporada más productiva y, no solo eso, me ha dado la mejor relación que he tenido nunca con el negocio.

Antes de implementar el manual, sentía que mi negocio era una máquina en la que estaba atrapado. Hoy, mi empresa es una comunidad de personas reflexivas que trabajan diligentemente para servir a los clientes, y me motiva desempeñar el papel de CEO, artista y visionario dentro de esta comunidad.

Una vez que identifiques a tu operador, utiliza la siguiente guía paso a paso para implementar el manual.

Paso a paso para implementar el *Manual de gestión y productividad simplificadas*

Primer paso: asignar a un operador para implementar el manual

1. Si no vas a implementar el manual tú mismo, asegúrate de que la persona que lo haga sea un verdadero operador. Debe gustarle gestionar el manual actual. Debe ser bueno con la gente, pero también honesto. Dado que gran parte del manual consiste en evaluar el desempeño, un miembro del equipo que busque quedar bien con la gente frustrará el sistema. Estás buscando alguien que se guíe por procesos y que, al mismo tiempo, motive y sepa decir la verdad.

2. Tu operador puede tener el cargo de director de operaciones, presidente o vicepresidente. Incluso podría ser un asistente ejecutivo de alto nivel si tu empresa es demasiado pequeña para tener un equipo ejecutivo. No pienses demasiado en ello. No hay razón para obsesionarse con los títulos.

3. Debes saber que la persona a cargo del *Manual de gestión y productividad simplificadas* dirigirá tu empresa. Aunque no debes preocuparte con los títulos (ten cuidado con la inflación de títulos), una vez que pongas a esta persona en ese rol, y si funciona bien, es probable que hayas encontrado el reemplazo que puede liberarte como artista o empresario. Tu asistencia a la Reunión Directiva será tu punto de contacto con la empresa. Ya no te sentirás atrapado dentro de la máquina.

Segundo paso: poner en marcha la Reunión General de Personal semanal

1. No te preocupes por implementar todo el manual de una vez. Durante los primeros meses, lo único que tienes que hacer es celebrar la Reunión General de Personal cada semana. Esta les recordará a los miembros de tu equipo la misión y, en concreto, las tres prioridades económicas.

2. Si no sabes cuáles son tus tres prioridades económicas, vuelve al Paso 1: Negocios con una Misión. El objetivo principal de una Reunión General de Personal es revisar las prioridades económicas del negocio y hablar sobre cómo todo el equipo puede hacerlas avanzar.

3. Si no tienes un equipo, pero trabajas con contratistas, pregúntales si estarían dispuestos a asistir a la Reunión General de Personal. Puedes ponerle a la reunión el nombre que quieras; si los contratistas son fundamentales para tu éxito, pídeles que asistan.

Según la legislación del estado donde vivas (lectores
estadounidenses), es posible que no puedas obligarlos
a asistir, pero la mayoría de los contratistas querrán
hacerlo de todos modos porque los ayudará a servirte
con más eficiencia.

4. Una vez que tus reuniones de personal empiecen a ir
bien y la empresa esté alineada en torno a las tres
prioridades económicas, ve al tercer paso.

Tercer paso: añadir una Reunión Directiva semanal

1. La Reunión Directiva puede celebrarse
inmediatamente después de la Reunión General de
Personal. Esta es la menos formal de todas las
reuniones, pero aun así tiene una plantilla que
asegurará su eficacia y que no hará perder el tiempo a
nadie.

2. Si tu empresa es pequeña, puedes combinar la
Reunión Directiva y la de todos los empleados. Sin
embargo, el orden del día de ambas reuniones debe ser
diferente. Aunque vayas a celebrar las reuniones una
detrás de otra con exactamente los mismos asistentes,
rellena ambas plantillas de reunión.

3. Si tu empresa tiene un equipo directivo distinto del
personal en general, la Reunión Directiva semanal los
ayudará a hablar sobre el trabajo de cada uno de sus
departamentos. Puedes invitar a otros directivos para
ayudar a eliminar los obstáculos.

4. La Reunión Directiva está diseñada para aumentar la
moral y el sentido de comunidad entre quienes están a
la cabeza del equipo. No te sorprendas si algunos de

tus directivos se sienten aislados en su trabajo. Esta reunión ayudará a mantener la unidad del equipo de arriba hacia abajo.

5. Considera la posibilidad de organizar un desayuno o almuerzo trimestral para tu equipo directivo. Aunque se reúnan todas las semanas, una reunión al mes o al trimestre podría considerarse especial. No hay nada como sentarse a la mesa y compartir una comida para crear un sentido de comunidad.

6. Una vez que tu equipo directivo se asuma como una comunidad sana y consolidada, considera la posibilidad de lanzar las *Stand-ups* de Departamento.

Cuarto paso: sumas las Stand-ups *de Departamento*

1. Si tu empresa es pequeña, la Reunión General de Personal puede ser suficiente para canalizar la atención hacia las tres prioridades económicas. Sin embargo, a medida que crece, descubrirás que los miembros de tu equipo empiezan a dividirse en departamentos. Ventas, Marketing, Diseño, Desarrollo, Producción y Atención al Cliente son ejemplos de departamentos dentro de una pequeña empresa en crecimiento. Si tienes departamentos, echa a andar las *Stand-ups* de Departamento. Estas se celebran a diario y son intencionadamente breves. Se les dice *Stand-ups* («de pie») porque no deberían ser tan largas que la gente quiera sentarse. Estas reuniones pueden llevarse a cabo de manera presencial, telefónica o virtual.

2. Los directores de departamento dirigen estas

reuniones. Si eres el propietario o diriges la empresa, no tendrías que asistir a ellas. La plantilla utilizada para dirigir la reunión garantizará que las prioridades económicas sigan rigiendo la misión.

3. Utiliza la plantilla de las *Stand-ups* de Departamento para orientar cada una de estas reuniones. Esto es fundamental para el éxito del *Manual de gestión y productividad simplificadas*. Si no utilizas la plantilla, la conversación podría moverse en direcciones improductivas.

4. Una vez que las *Stand-ups* de Departamento estén en marcha y vayan bien, puedes continuar con el siguiente paso.

Quinto paso: agrega la Revisión Rápida de las Prioridades Individuales

1. A medida que tu pequeña empresa crece, los miembros del equipo se alejan del propietario o de quien la dirige. Esto significa que se sentirán un poco inseguros acerca de su desempeño, lo que puede convertirse en un problema. Si no están seguros de cuál es su trabajo o de si están rindiendo bien, la moral individual y de equipo empieza a decaer y, con ella, la productividad; en consecuencia, el fuselaje de tu avión se vuelve más grande y pesado. Cada miembro del equipo necesita retroalimentación para hacer bien su trabajo y sentirse bien con el papel que desempeña en la empresa.

2. Una forma de asegurarse de que los miembros del equipo están recibiendo la retroalimentación que

necesitan es implementar una Revisión Rápida de las
Prioridades Individuales semanal para cada miembro
de la organización. La persona debe rellenar la
plantilla de revisión de las prioridades individuales
antes de la reunión y su director de departamento
debe revisarla durante el chequeo.

3. Cada jefe de departamento debe dirigir la Revisión
Rápida de las Prioridades Individuales. El espíritu de la
reunión debe ser de entrenamiento y motivación. Verás
que la moral y la productividad aumentan cuando se
implementan las Revisiones Rápidas de las Prioridades
Individuales. Una vez que estén en marcha, podrás
poner en práctica el sexto paso del manual.

Sexto paso: añadir Evaluaciones Trimestrales del Desempeño

1. Las Evaluaciones Trimestrales del Desempeño son
excelentes para empresas de cualquier tamaño.
Aunque este es el sexto paso del proceso para un
equipo con una docena o más miembros, una empresa
más pequeña podría implementarlo antes. Para
sentirse cómoda y segura en el trabajo, tu gente
necesita saber qué tal lo está haciendo a ojos de su jefe
de departamento.

2. Utiliza la plantilla de Evaluación Trimestral del
Desempeño para orientar esta reunión. Tanto el
miembro del equipo como el jefe de departamento
deben rellenar la plantilla. En cada plantilla se pide a
quien la rellena que evalúe el desempeño del miembro
del equipo. De este modo se establece una conversación

abierta sobre cómo el jefe de departamento y el miembro del equipo ven el desempeño de este último. Puede haber áreas en las que no compartan los mismos criterios, pero, en cualquier caso, todos los miembros del equipo desean y merecen una retroalimentación honesta y alentadora, y la Evaluación Trimestral del Desempeño es el espacio para obtenerla.

3. Una vez que tu equipo alcance diez o más miembros, puedes empezar a pensar en vincular las evaluaciones del desempeño a paquetes salariales. A medida que el equipo crece, sus miembros querrán más previsibilidad y control sobre su remuneración. Es probable que puedas «improvisar» en lo que respecta a los paquetes salariales durante un tiempo, pero ten cuidado. Ofrecer primas y aumentos de sueldo discrecionales puede causarte problemas. Cada aumento y bonificación sienta un precedente y, con él, una expectativa. Vincular las Evaluaciones de Desempeño del cuarto trimestre a una remuneración crea un entorno consistente y estable en el que los miembros del equipo pueden prosperar.

4. Las tres primeras evaluaciones trimestrales del desempeño ayudarán a los miembros de tu equipo a comprender qué deben seguir haciendo y qué deben cambiar para aprovechar todas las oportunidades en términos de aumento salarial y bonificaciones. Es importante tener en mente la idea que rige toda la conversación: «¿Qué debo hacer para obtener mi bonificación completa y recibir un aumento el próximo año?».

5. Es más probable que una persona disfrute su trabajo cuando siente que controla su futuro financiero.

6. He aquí un sencillo desglose de los aumentos y las primas que podrías ofrecer: un aumento de entre el 1 % y el 3 % a cada miembro del equipo en función de su desempeño. Además, una bonificación de entre el 1 % y el 3 % (del salario de cada trabajador) vinculada a los objetivos generales de ingresos de la empresa. Si la empresa alcanza su objetivo, se puede conceder a cada miembro del equipo un incremento de hasta el·3 % de su salario en función de su desempeño. Si la empresa sobrepasa su objetivo, cada miembro del equipo podría recibir hasta un 5 %. En un escenario ideal, cada miembro del equipo recibiría una bonificación anual del 5 % (de su salario) y un aumento del 5 %. Eso puede parecer mucho dinero, pero si estás sobrepasando tus objetivos como empresa, significa que tienes un equipo de alto rendimiento que merece un reconocimiento financiero.

7. Para implementar este manual, tu empresa necesitará objetivos de ingresos y objetivos de ingresos ampliados. Por ejemplo, si tu empresa gana un millón de dólares, los miembros del equipo tienen la oportunidad de obtener hasta un 3 % de su salario como bonificación. Si la empresa alcanza su objetivo de 1,3 millones de dólares, cada miembro del equipo podría obtener hasta el 5 % de su salario como bonificación. Puedes establecer los objetivos y los

objetivos ampliados que desees y, naturalmente, el
porcentaje que obtiene cada miembro del equipo
depende de sus Evaluaciones del Desempeño de cada
trimestre.

8. El sistema de Evaluación del Desempeño y
compensación trimestral es una forma sencilla y
escalable de gestionar la compensación. Puede que no
sea necesario para la mayoría de las pequeñas
empresas, pero a medida que crezcas, te encontrarás
con que el reto de la compensación ligada al
desempeño se plantea con más frecuencia. Este
sencillo sistema debería satisfacer a todos los
miembros de tu equipo porque les permite controlar
su futuro financiero, establece expectativas claras y
está diseñado para ser justo.

Las reuniones de gestión y productividad no son las únicas

Las cinco reuniones que se incluyen en el *Manual de gestión y productividad simplificadas* no son las únicas que tendrás; son simplemente las reuniones fijas dentro de una rutina semanal y anual. Aunque están diseñadas para sustituir a la mayoría de las otras reuniones, es probable que debas celebrar unos cuantos encuentros más. Veamos algunos de ellos.

Reuniones de ingresos
Mensualmente, el director, el operador o algún otro responsable financiero de tu pequeña empresa debería celebrar una

reunión sobre ingresos en la que se revisen las cifras del mes anterior. Después de revisar las cifras, hay que plantearse dos preguntas: «¿Por qué y dónde nos ha ido bien?» y «¿Por qué y dónde podemos mejorar?». Descubrirás que esta reunión te brinda una visión amplia de la salud general del negocio y afecta directamente tu estrategia. Si es posible, tu operador debería recopilar los datos y dirigir las reuniones de ingresos.

Salas de guerra

Cuando hay que abordar un problema concreto, resulta útil reunir a los principales miembros del equipo en una habitación durante unas horas para formular una estrategia en lo que se denomina una «sala de guerra». Si vas a reubicar la empresa o a liquidar existencias o a lanzar un nuevo producto, es posible que debas convocar a una sala de guerra. El directivo que consideró necesaria la reunión será el encargado de dirigirlas.

Reuniones directivas externas

En algunas ocasiones tiene sentido que tu equipo directivo pase todo un día conversando sobre el estado general de la empresa. Estas reuniones serán dirigidas por quien ocupe el cargo de operador y están diseñadas principalmente para ayudarlos a comprender cuál es la mejor manera de hacer avanzar la empresa. El orden del día de la reunión cambiará en función del contexto, pero la idea básica de una reunión directiva externa es que el operador organice al equipo en torno a determinados retos y oportunidades. En esencia, esta reunión es un cajón de sastre para todas las necesidades que la empresa está procesando actualmente. Las reuniones directivas externas pueden durar todo el día y celebrarse cuando sea necesario.

Cuando implementes el *Manual de gestión y productividad simplificadas*, el fuselaje de tu avión se volverá más liviano

Una vez más: el principal culpable del exceso de gastos generales es el coste de la mano de obra. Cuando se trata de reducir los costes laborales, tienes dos opciones: puedes despedir a parte de tu equipo o transformarlo en una fuerza ágil y generadora de ingresos. Si es posible, te recomiendo encarecidamente salvar puestos de trabajo y transformar a cada miembro de tu equipo en generador de ingresos.

Por supuesto, hay momentos en los que es preciso despedir gente, pero esperamos que estos casos sean excepcionales y estén más relacionados con las fluctuaciones del mercado que con la productividad de tu equipo.

Si vas a contratar a alguien para que dirija tu pequeña empresa, la descripción de su trabajo podría ser tan sencilla como esta: «Implementar el Paso 1 y el Paso 5 del Plan de Vuelo para Pequeñas Empresas en nuestra empresa». Si esta persona lo hace bien y además celebra una reunión mensual sobre ingresos, tendrás el equivalente a un magnífico director de Operaciones ayudándote a hacer crecer tu pequeña empresa.

Sigue los pasos descritos en este capítulo para implementar el *Manual de gestión y productividad simplificadas*, y utiliza las plantillas de reuniones incluidas en tu Plan de Vuelo para Pequeñas Empresas.

En las páginas siguientes encontrarás copias de las plantillas de reuniones. Si utilizas la versión digital disponible en SmallBusinessFlightPlan.com, tú y tu equipo podrán archivar todas las plantillas de reuniones anteriores.

Reunión General de Personal   FECHA

PRIORIDADES DE LA EMPRESA
POR _____

①   ②   ③

ACTUALIZACIONES DE LOS DEPARTAMENTOS

① _____

¿Qué ha hecho o qué va a hacer nuestro departamento para avanzar hacia los objetivos de la empresa?

¿Cómo añadimos valor a nuestros clientes la semana pasada?

¿Cómo estamos aportando valor a nuestros clientes esta semana?

② _____

¿Qué ha hecho o qué va a hacer nuestro departamento para avanzar hacia los objetivos de la empresa?

¿Cómo añadimos valor a nuestros clientes la semana pasada?

¿Cómo estamos aportando valor a nuestros clientes esta semana?

③ _____

¿Qué ha hecho o qué va a hacer nuestro departamento para avanzar hacia los objetivos de la empresa?

¿Cómo añadimos valor a nuestros clientes la semana pasada?

¿Cómo estamos aportando valor a nuestros clientes esta semana?

Accede a una versión digital rellenable en SmallBusinessFlightPlan.com

Reunión Directiva   LÍDER DE ESTA REUNIÓN

(1) _____

¿Qué grandes iniciativas se están llevando a cabo esta semana?
_____
_____

¿Hay algo que obstaculice estas iniciativas?
_____
_____

¿Quién es responsable de completar cada tarea?
_____
_____

(2) _____

¿Qué grandes iniciativas se están llevando a cabo esta semana?
_____
_____

¿Hay algo que obstaculice estas iniciativas?
_____
_____

¿Quién es responsable de completar cada tarea?
_____
_____

(3) _____

¿Qué grandes iniciativas se están llevando a cabo esta semana?
_____
_____

¿Hay algo que obstaculice estas iniciativas?
_____
_____

¿Quién es responsable de completar cada tarea?
_____
_____

Accede a una versión digital rellenable en SmallBusinessFlightPlan.com

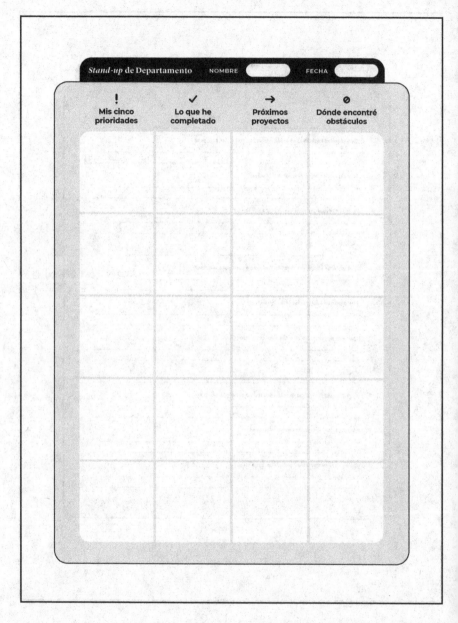

Stand-up de Departamento　NOMBRE ⬭　FECHA ⬭

! Mis cinco prioridades	✓ Lo que he completado	→ Próximos proyectos	⊘ Dónde encontré obstáculos

Accede a una versión digital rellenable en SmallBusinessFlightPlan.com

Revisión Rápida de las Prioridades Individuales FECHA

PRIORIDADES DE LA EMPRESA
POR _____

① _____ ② _____ ③ _____

PRIORIDADES DE MI DEPARTAMENTO
Limitadas en el tiempo · Medibles · Específicas

1. _____
2. _____
3. _____
4. _____
5. _____

MIS PRIORIDADES PERSONALES
Limitadas en el tiempo · Medibles · Específicas

1. _____
2. _____
3. _____
4. _____
5. _____

MIS PRIORIDADES DE DESARROLLO

1. _____
2. _____
3. _____

Accede a una versión digital rellenable en SmallBusinessFlightPlan.com

Evaluación Trimestral del Desempeño

NOMBRE

PRIORIDADES PERSONALES	SUPERADAS	CUMPLIDAS	NO CUMPLIDAS
#1: Comentarios	☐	☐	☐
#2: Comentarios	☐	☐	☐
#3: Comentarios	☐	☐	☐
#4: Comentarios	☐	☐	☐
#5: Comentarios	☐	☐	☐

¿Llegó preparado a las Revisiones Rápidas de Prioridades Individuales?	☐	☐

PRÓXIMAS OPORTUNIDADES

Accede a una versión digital rellenable en SmallBusinessFlightPlan.com

Una vez que hayas dado los cinco primeros pasos, verás que tu pequeña empresa ganará mucho más dinero. Entonces, ¿cómo gestionamos ese dinero? Pasemos al último de los seis pasos: el Flujo de Caja Simplificado para Pequeñas Empresas.

6

Flujo de caja

PASO 6:
Depósitos de combustible

Controla tus finanzas con el Flujo de Caja Simplificado para Pequeñas Empresas

El Paso 6 te ayudará a resolver estos problemas:

- No estás seguro de dónde empiezan y acaban tus finanzas personales y las de tu empresa.
- Te preocupa constantemente quedarte sin liquidez.
- Las cuentas de resultados que te entrega tu contador te parecen confusas y no te ayudan a tomar decisiones.

- No tienes seguridad sobre cuáles son las ganancias reales de la empresa.
- Quieres que tu pequeña empresa te ayude a realizar inversiones externas que generen riqueza personal.
- Quieres generar dinero extra y reinvertirlo en la empresa para contratar personal, nuevas tecnologías, publicidad y más.
- Necesitas una visión en tiempo real de la situación financiera de tu pequeña empresa.

· · ·

Flujo de caja
Depósitos de combustible

Si gestionas bien las seis partes de tu negocio, este debería crecer y empezarás a ganar más dinero. Lo que nos lleva al último paso de nuestra lista: el Flujo de Caja para Pequeñas Empresas. Aunque tu negocio esté diseñado como el avión perfecto, te sorprenderás de lo fácil que es quedarse sin dinero y estrellarlo.

En lo que respecta a nuestra metáfora del avión, los depósitos de combustible representan la forma en que gestionas el dinero que entra y sale de tu empresa. Si tienes mucho combustible, puedes volar lejos y rápido. Es más, cuando hay problemas, te permite sobrevolar el aeropuerto y conseguir tiempo suficiente para solucionar lo que esté fallando.

Se cuentan historias de pilotos que sobrevolaron un aeropuerto para solucionar un problema con su avión solo para estrellarse porque se quedaron sin combustible. No importa lo grande y bonito que sea tu avión, sin combustible, se va al garete.

Entonces, ¿cómo gestionamos el dinero de tal manera que podamos pagar nuestras facturas, disfrutar de un buen salario, ahorrar para cuando lleguen las vacas flacas, pagar impuestos, aprovechar el éxito para diversificar nuestras inversiones externas y, lo más importante, jamás quedar ilíquidos?

La respuesta: gestiona el Flujo de Caja Simplificado para Pequeñas Empresas utilizando cinco cuentas corrientes.

Las finanzas no deben quitarte el sueño

Creé el *Manual para simplificar el Flujo de Caja de Pequeñas Empresas* por accidente. Al igual que muchos propietarios de pequeñas empresas, cuando comencé mi negocio, operaba solo con dos cuentas: mi cuenta personal y mi cuenta de ahorros. Tanto mis gastos empresariales como los personales salían de mi cuenta personal. Fue un gran error, no solo porque dificultaba la declaración de impuestos, sino porque desdibujaba la línea que separaba mi negocio de mi vida personal. En aquel momento, no tenía empleados y realmente no veía la diferencia entre lo que gastaba para ganar dinero y lo que gastaba para comer y vivir. Sin embargo, como gestionaba mi empresa desde de mi cuenta corriente personal, me resultaba difícil identificar en qué áreas tenía éxito y en cuáles la estaba desangrando.

Poco a poco empecé a añadir más cuentas a mi sistema bancario. Añadí una cuenta de operativa, para poder controlar el dinero que entraba y salía de la empresa. Un par de años más tarde,
cansado de no tener suficiente dinero con que pagar los impuestos abrí una cuenta donde iba aparatando por adelantado el dinero para las obligaciones tributarias. A partir de ahí, añadí un
fondo de emergencia para cuando llegaran las vacas flacas, y así
sucesivamente. Más adelante explicaré cada cuenta y cómo las
utilizo.

Pronto me percaté de que había creado un sistema de gestión
de dinero estupendo para alguien que odia gestionar el dinero.
Me encanta hacer dinero, pero no soy de los que se sientan a
contar cada dólar y a revisar los presupuestos y a analizar las
cuentas de resultados durante horas.

El *Manual para simplificar el Flujo de Caja de Pequeñas Empresas* es perfecto para empresarios y directivos que se identifican
más como generadores de dinero que como sus administradores.
Eso no es una excusa: todos necesitamos administrar bien nuestro
dinero, solo que a la mayoría de los empresarios les gusta más
ganarlo que administrarlo.

Esto es lo que administrar mi dinero con el modelo de cinco
cuentas corrientes me ha permitido:

- Puedo acceder a mi portal bancario por internet y
  evaluar la salud general de mi empresa en un instante.

- Al entrar en mi portal bancario, sé cuánto dinero tenemos mi mujer y yo y cuánto tiene mi empresa. Sé que solo tengo acceso a una de esas pilas de dinero. Nunca meto la mano en la pila de la empresa para beneficio personal.
- Cuando viene el recaudador de impuestos, nunca me falta dinero. Puedo pagar los impuestos y nunca me molesta (está bien, quizá un poco), porque ya me he separado psicológicamente del dinero que voy a pagarle al Gobierno.
- Sé que la empresa puede sufrir pérdidas y/o sobrevivir a una crisis y no tendremos que despedir a nadie porque si llegan las vacas flacas, tengo suficiente ahorrado.
- Cuando accedo a mi portal bancario por internet, puedo ver cuánto dinero estamos ahorrando mi mujer y yo para crear riqueza personal para nosotros y nuestra familia. Mi negocio existe para generar dinero que puedo utilizar para comprar productos financieros e invertir de manera que mi familia gane aún más dinero en el futuro.

Si todo esto suena demasiado bueno para ser verdad —especialmente para alguien a quien le gusta más ganar dinero que administrarlo—, entonces te va a encantar el *Manual para simplificar el Flujo de Caja de Pequeñas Empresas*. Ya no tendrás que preocuparte por las finanzas.

El *Manual para simplificar el Flujo de Caja de Pequeñas Empresas*

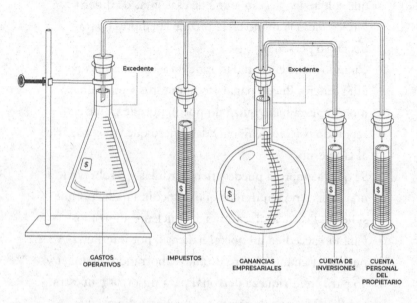

Las cinco cuentas corrientes que utilizarás para administrar las finanzas de tu pequeña empresa se comunican entre ellas para crear un sistema fluido que te permitirá observar y controlar tu dinero.

A continuación, encontrarás una descripción detallada de cada una de estas cinco cuentas corrientes y un desglose de cómo utilizarlas.

Cuenta operativa

Todo el dinero que entra y sale de tu negocio pasará a través de esta cuenta. Es la cuenta principal que utilizarás para pagar todas tus facturas, incluido tu salario personal. Sí, tienes que establecer un salario para ti. Es fundamental para la salud financiera de tu negocio.

Cuenta personal

Tu cuenta personal recibirá una transferencia quincenal o mensual automatizada de la cuenta empresarial, que constituirá tu salario personal. La cantidad de dinero que te pagues a ti mismo dependerá de las circunstancias y, en gran medida, depende de ti. Si tu nuevo negocio es un trabajo paralelo, puede que te pagues muy poco para poder echar a andar la máquina. Si tu empresa está consolidada, puedes y debes pagarte mucho más. Te lo mereces. Averiguarás cuánto puedes pagarte sobre la marcha. Pero el principio clave es el siguiente: debes vivir de un salario fijo para que el negocio pueda establecer un ritmo predecible, que te permita gestionarlo y hacerlo crecer. A medida que la empresa crezca, podrás aumentarte el sueldo. No lo olvides: tu salario, a diferencia del sueldo de los demás, es un ingreso sujeto a impuestos. En un instante te enseñaré cómo ahorrar dinero para las obligaciones tributarias.

Ganancias empresariales

Tu cuenta de ganancias empresariales es donde almacenas el dinero que gana tu negocio y que no necesitas reinvertir en él para mantenerlo vivo. Establece un límite máximo para tu cuenta operativa. Cuando la cuenta operativa sobrepase ese límite, transfiere el excedente a la cuenta de ganancias. El límite será diferente para cada persona y cambiará a medida que crezca la empresa. Esta cuenta te servirá también como fondo de reserva al que recurrir si la empresa se encuentra de repente con viento en contra y empieza a quemar más combustible.

Cuenta fiscal

Tu cuenta fiscal es donde pondrás el dinero para pagar o pagar por adelantado los impuestos. Esta cuenta te será útil en dos aspectos: por un lado, te dará la tranquilidad de que siempre tendrás cómo pagar tus impuestos (al tiempo que te impedirá gastar el dinero en otra cosa) y, por el otro, en cierto modo actuará como una cuenta de seguridad secundaria. Más adelante profundizaré más en esto.

Cuentas de inversiones

En tu cuenta de ganancias empresariales depositas el dinero y lo guardas para cuando lleguen las vacas flacas. Pero si esa cuenta crece tanto que ya no tiene sentido dejar todo ese dinero ahí solo para emergencias, trasládalo a una cuenta de inversiones y a partir de ahí decide qué hacer con él. Como el nombre de la cuenta lo indica, recomiendo destinar ese dinero a inversiones externas que te harán ganar aún más sin que tengas que trabajar para ello. Puedes invertir en bienes inmuebles, acciones, productos de seguros, certificados de depósito, criptomonedas o lo que quieras. Si quieres comprarte una segunda vivienda o una lancha o darte unas vacaciones familiares en Europa, también puedes utilizar esta cuenta. Tu cuenta de inversiones guarda el dinero que la empresa ha generado para ti. Es tu dinero. Aun así, si inviertes tu dinero en lugar de gastarlo, tu dinero empezará a crear aún más dinero y ese es el dinero del que les gusta vivir a los superricos. Ganar dinero del dinero es la forma en que muchos se vuelven y se mantienen ricos. En otras palabras, tu negocio es una máquina que te hace ganar dinero para que puedas comprar otra máquina que te haga ganar dinero. La diferencia entre la primera y la segunda máquina es que en la primera tienes que trabajar para hacer dinero mientras que en la segunda el dinero trabaja para ti.

¿Deberías retirar tus ganancias primero?

Si estás familiarizado con Mike Michalowicz y su libro *La ganancia es primero*, notarás un parecido entre mi manual y el suyo, pero te juro que no me robé sus ideas. Escuché el libro de Mike un verano, durante un largo viaje en carretera, y por primera vez en mi vida supe que no era un completo idiota en lo que a gestionar el dinero de mi empresa se refiere.

Durante años había utilizado este manual y jamás había tenido problemas financieros, pero siempre me pregunté si no sería más que una solución temporal. Pensaba que los verdaderos empresarios lo harían de otra manera o tendrían un sistema mejor, pero el libro de Mike me enseñó que hacía muchas más cosas bien que mal.

Desde que escuché su libro, Mike y yo nos hicimos amigos. De hecho, jamás escribiré un libro sobre mi sistema de Flujo de Caja para Pequeñas Empresas porque Mike ya lo hizo. Si quieres profundizar en cómo gestionar tu negocio utilizando cinco cuentas corrientes, lee o escucha *La ganancia es primero*.

Dicho esto, hay dos cosas que hago distinto a Mike. El punto principal del libro de Mike es que debes sacar un porcentaje fijo de los ingresos de la empresa al principio de cada mes. Este dinero es la ganancia que se prevé obtener ese mes. Eso te obliga a diseñar de forma inversa un negocio que te dé ganancias. Yo, en cambio, saco ganancias de la empresa esporádicamente en función de si la cuenta operativa tiene o no un excedente de liquidez. En otras palabras, saco la ganancia que «sobrepasa» un límite máximo en mi cuenta de gastos operativos. Si yo sacara nuestra ganancia prevista a principios de mes, como sugiere Mike, probablemente sacaría de la empresa menos dinero, no más, en concepto de ganancias. Mi empresa a menudo cierra negocios importantes cada dos meses aproximadamente, lo que significa que los ingresos aumentan de forma esporádica. Solo cuando eso ocurre, saco las ganancias de la empresa. Si sacara primero las ganancias, basándome en un porcentaje fijo, tendría que estar constantemente transfiriendo dinero a la empresa para mantenerla a flote o, por el contrario, habría demasiado dinero en mi cuenta operativa, lo que me tentaría a gastarlo.

Mike también recomienda abrir esa cuenta que yo llamo «cuenta de inversiones» en un banco distinto, que no aparezca en tu portal en línea. Él considera que ese dinero no debería estar a la vista. Es una medida inteligente, pero yo prefiero tener todas mis cuentas visibles en un mismo portal.

¿Me equivoco al sacar las ganancias esporádicamente? ¿Está Mike en lo cierto al sacar el suyo como un porcentaje fijo a principios de mes y transferirlo a una cuenta oculta? Creo que ambos sistemas mejoran considerablemente la forma en que muchos de nosotros gestionamos nuestro dinero.

Ahora que entendemos la filosofía básica del manual, vamos a desglosar su proceso de implementación.

Cómo implementar el *Manual para simplificar el Flujo de Caja de Pequeñas Empresas*

Primer paso
Ve a tu banco y abre cinco cuentas corrientes. Esas cuentas serán tu cuenta operativa, tu cuenta corriente personal, tu cuenta fiscal, tu cuenta de ganancias empresariales y tu cuenta de inversiones.

Es posible que ya tengas algunas cuentas de este tipo; si es así, cámbiales el nombre para que reflejen sus funciones correspondientes. Además, asegúrate de que todas ellas aparezcan en tu portal bancario en línea para poder ver los importes de cada una de forma comparativa y de una sola vez. Esta es la clave para tener una idea clara de la situación financiera de tu empresa.

Segundo paso

Asegúrate de que todo el dinero de tu empresa entra y sale de tu cuenta operativa. Todos los ingresos de la empresa deben ir a parar a esta cuenta y todas las facturas deben pagarse desde ella (excepto los impuestos, que se pagan desde la cuenta fiscal).

Tercer paso

Tu salario quincenal o mensual también sale de tu cuenta operativa, y ese salario debe ser fijo, igual que el del resto de tus empleados. Si quieres comprarte un auto, un reloj caro o lo que sea, el dinero no debe salir de la cuenta operativa. La clave aquí es decidir cuánto quieres ganar y que vivas de esa cantidad durante un buen tiempo. La ventaja de pagarte un sueldo es sobre todo que te da claridad mental. Así sabrás qué dinero te pertenece a ti y qué dinero le pertenece a esa máquina que existe para hacerte ganar más dinero.

Cuarto paso

Debes establecer un límite máximo para tu cuenta operativa. Con esto me refiero a una cantidad de dinero lo suficientemente alta como para cubrir el mayor golpe que puedas recibir ese mes. Por ejemplo, si tu nómina es de 25 000 dólares cada dos semanas, deberías evitar que tu cuenta baje de 35 000 dólares más o menos. Cuando tengas que afrontar el pago de la

nómina, te quedarás con 10 000 dólares, pero tendrás dos semanas para recuperarte antes de tener que hacerlo de nuevo.
Digamos que tu límite máximo es de 35 000 dólares. Está bien:
esa suma te mantiene a salvo y, al mismo tiempo, impide que se
quede un excedente demasiado grande en tu cuenta operativa
(donde uno tiende a gastarlo, y rápido). Supongamos que un día
miras tu cuenta y tienes 60 000 dólares en efectivo. Eso significa que hay un excedente de 25 000 dólares por encima de tu
límite máximo que no están haciendo nada. Entonces vas a
tomar ese excedente de 25 000 dólares y dividirlo entre tu cuenta de ganancias empresariales y tu cuenta fiscal. Simplemente
ingresas en el portal de tu banco en internet y transfieres 12 500
dólares a tu cuenta de ganancias y 12 500 dólares a tu cuenta
fiscal. Como resultado, tu cuenta operativa va a quedar en su
tope, en 35 000 dólares, tu cuenta de ganancias aumentará en

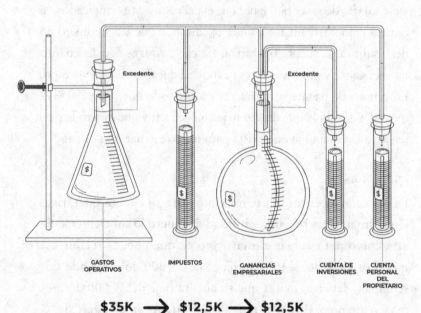

12 500 dólares y también habrás ahorrado 12 500 dólares para impuestos.

Lo bueno de este manual es que puedes mirar fácilmente tu cuenta de ganancias empresariales y saber cuánto dinero es tuyo (además de tu salario) y sentirte bien sobre cómo va tu negocio. También puedes mirar tu cuenta fiscal y sentirte bien por el hecho de que tienes dinero suficiente para pagar los impuestos trimestrales de tu negocio y salario. De hecho, es probable que al final del año quedes con un excedente en tu cuenta fiscal que puedes transferir a tu cuenta de ganancias empresariales. Esa dinámica es todo lo opuesto a lo que experimentan la mayoría de los propietarios de pequeñas empresas cuando llega el momento de pagar los impuestos, por lo que ese día para ti se sentirá de maravilla.

Quinto paso
Así como lo hiciste con tu cuenta operativa, establece un límite para tu cuenta de ganancias empresariales. Querrás trabajar para alcanzarlo y mantener tu cuenta de ganancias empresariales en ese límite o por encima de él, porque esa cuenta es también tu fondo para los periodos de vacas flacas. En mi opinión, tu cuenta de ganancias empresariales debería superar seis veces el valor máximo de tu cuenta operativa. Si el valor máximo de tu cuenta operativa es de 35 000 dólares, el tope de tu cuenta de ganancias empresariales debería ser de 210 000 dólares. Soy consciente de que eso es un montón de dinero acumulado allí sin ganar mucho interés, pero ese dinero te va a comprar una de las cosas más valiosas que el propietario de una pequeña empresa puede tener: paz mental.

Al tener seis veces el límite superior de tu cuenta operativa, cuentas con un depósito de reserva que te permitirá sobrevolar el aeropuerto durante seis meses en caso de crisis. Con un fondo de este tipo, podrás adaptarte poco a poco e incluso cambiar de dirección si las cosas vienen mal dadas o si se presentan averías en el avión. Se acabó el insomnio pensando si tendrás que despedir a alguien o realizar un aterrizaje forzoso.

A medida que tu negocio crezca, es probable que empiece a incomodarte tener tanto dinero en una cuenta corriente básica. En caso de que la inflación aumente, ese dinero se está devaluando día a día. Si esto se convierte en realidad para ti, felicitaciones: ¡tienes un montón de dinero! Siéntete libre de tomar parte del dinero de tu cuenta de ganancias empresariales e invertirlo mejor, de manera que obtenga algún tipo de interés o rentabilidad más alto, pero la clave es asegurarte de que ese dinero no pierda liquidez. Habrá ocasiones en las que habrás calculado mal y tengas que volver a mover dinero de tu cuenta de ganancias empresariales a tu cuenta operativa. Con suerte, esos casos serán menos frecuentes a medida que ajustes los valores máximos y tengas una idea mejor de cuándo transferir dinero a ganancias e impuestos, pero todo el mundo experimenta fluctuaciones en el flujo de caja. En cualquier caso, la cuenta de ganancias mitiga la incomodidad de esos problemas.

Recuerda también esto: cada vez que pases dinero de vuelta de la ganancia empresarial a la cuenta operativa, puedes sacar la misma cantidad de la cuenta fiscal porque ese dinero ya no está sujeto a impuestos. En otras palabras, si de repente necesitas 10 000 dólares, puedes sacar 5 000 dólares de la ganancia empresarial y 5 000 dólares de los impuestos.

Entonces, ¿qué haces cuando tu cuenta de ganancias tiene un exceso de efectivo? Digamos que compruebas tu cuenta y transfieres algo de dinero, de modo que tienes 250 000 dólares en tu cuenta de ganancias empresariales, cuando tu tope era de 210 000 dólares. Eso significa que tu negocio es ahora una verdadera máquina de producir ganancias. Este dinero es todo tuyo. Puedes hacer con él lo que quieras. Sin embargo, antes de comprar el telescopio náutico de latón que se utilizó en el rodaje de *Piratas del Caribe 4*, tómate tu tiempo para mover ese dinero a tu cuenta de inversiones. ¿Por qué? Porque el propio nombre de esa cuenta te va a presionar para que inviertas ese dinero en lugar de comprar el telescopio (aunque solo queden diecinueve disponibles). El dinero que acaba en la cuenta de inversiones es el que puede contribuir seriamente a tu patrimonio personal.

Betsy y yo utilizamos dinero de nuestra cuenta de inversiones para construir nuestra casa sin endeudarnos y financiar nuestras cuentas de jubilación. También compramos un seguro de vida, invertimos en la bolsa, adquirimos propiedades para alquilar y contribuimos a organizaciones que amamos. Betsy preside la junta de una organización que lucha contra la trata de personas y utilizamos dinero de la cuenta de inversiones para hacer donaciones a la organización y celebrar una gran cena cada año gracias a la que recaudamos aún más fondos. Lo mejor es que hacemos todo esto desde una posición de estabilidad porque la máquina que hemos construido nos ha permitido ser generosos de forma estratégica y predecible.

Si quieres derrochar el dinero de la cuenta de inversiones, siéntete libre de hacerlo. Pero si esperas y compras el telescopio con el dinero que ganes con tus inversiones, podrás tener tu telescopio así como los futuros ingresos que tus inversiones produzcan.

Como dije al principio de este capítulo, estoy más hecho para ganar dinero que para gestionarlo, pero nunca me siento frustrado por ello. Siempre tenemos dinero para avanzar la empresa, pagar los impuestos, vivir de él e invertir.

¿Deberían cambiar los límites máximos a medida que crece la empresa?

Si pones en práctica tu Plan de Vuelo para Pequeñas Empresas, tu negocio crecerá. Recuerdo que hace unos años me sorprendí al ver en mi Instagram que un amigo celebraba públicamente que su pequeña empresa había ganado dos millones de dólares. Me quedé pensando que un éxito así era imposible. Pero seguí dirigiendo mi negocio siguiendo los manuales e implementando los esquemas que acabas de leer y en dos años mi empresa ganaba más de tres millones de dólares, mantuvo un crecimiento en porcentajes de dos dígitos durante años y años, y sigue creciendo hoy en día.

No te sorprendas si tu pequeña empresa crece mucho más de lo que imaginabas. Si esto sucede, sin embargo, asegúrate de que los topes de tus cuentas operativas y de ganancias empresariales cambien conforme aumentan los gastos de tu negocio. Es posible que tu límite máximo deba subir de 35 000 a 55 000 dólares, en función de cuánto dinero ingrese y gaste tu empresa. ¿Cómo saber cuándo es necesario cambiar los límites máximos? Lo sabrás cuando los golpes a tu cuenta operativa comiencen a ser tan grandes que acerquen tu saldo cada vez más a cero. Cuando eso empiece a ocurrir, ¡felicidades! Significa que todos los números están aumentando, incluido el saldo de tu cuenta de inversiones.

Por supuesto, podría ser que tengas socios en tu empresa u otras complicaciones, inversores, por ejemplo. No hay de qué preocuparse. La clave está en dividir la cuenta de inversiones siguiendo un ritmo acordado por todas las partes. El manual funciona bien, incluso con inversores externos.

Lo mejor del *Manual para simplificar el Flujo de Caja de*

Pequeñas Empresas es que crecerá con tu negocio. Ya sea que estés administrando un negocio paralelo que genera 20 000 dólares al año o que hayas hecho crecer tu empresa por encima de los cien millones, este manual funciona para ayudarte a ganar aún más dinero preservando tu cordura.

7

Cómo implementar el Plan de Vuelo para Pequeñas Empresas

Bien, ahora que sabemos lo que tenemos que hacer para aclarar nuestra Misión y Principios Rectores, aumentar nuestro marketing, cerrar más ventas, optimizar la oferta de productos, mejorar la productividad y gestionar el flujo de caja, ¿cómo ponemos en práctica todo el manual?

En este último capítulo veremos las distintas formas de implementar el Plan de Vuelo para Pequeñas Empresas. Sin importar que tu empresa sea B2B (empresa a empresa), B2C (empresa al consumidor) o sin ánimo de lucro; que seas un emprendedor independiente; que esta sea una empresa nueva, en crecimiento o un caso de éxito de millones de dólares, el Plan de Vuelo para Pequeñas Empresas puede funcionar para ti.

Hacer crecer tu negocio puede ser un viaje estimulante. También puede convertirse en una carga y, francamente, en un desastre financiero que cause sufrimiento durante años. Hay muchos factores que determinan la diferencia, por supuesto, pero una vez que tienes un buen producto que la gente de verdad quiere y eres capaz de llevarlo al mercado, gran parte del resto del viaje equivale a la simple construcción de un negocio. Digo «simple» porque lo complicamos mucho más de lo necesario.

Los seis pasos que te ayudarán a implementar tu Plan de Vuelo para Pequeñas Empresas no resolverán todos los problemas que tengas como líder de un negocio, pero sí la mayoría de ellos. De hecho, el Plan de Vuelo anticipará las causas de la mayoría de las catástrofes de las pequeñas empresas.

Siéntete libre de modificar estos pasos. Conozco a muchos emprendedores que han añadido valores fundamentales a sus Principios Rectores o que celebran sus Reuniones Directivas a diario, en lugar de cada semana, por ejemplo. Si pones en práctica los marcos y los manuales tal y como están diseñados, sin duda tendrás éxito, pero tú conoces tu negocio mucho mejor que yo y sabrás intuitivamente dónde necesitas hacer ajustes personalizados. Dicho esto, si te encuentras con problemas, pregúntate con honestidad si implementar estos pasos tal como se presentan podría resolverlos.

Tómatelo con calma

No dudes en tomarte tu tiempo para poner en práctica tu Plan de Vuelo para Pequeñas Empresas. Si intentas hacerlo todo a la vez, podrías abrumarte. Pero si implementas cada paso, uno tras otro, y solo avanzas cuando el paso anterior se sienta sólidamente arraigado en tus operaciones, podrías transformar tu pequeña empresa por completo en menos de un año.

No es necesario que apliques el plan de vuelo en el orden en que hemos enumerado los pasos. De hecho, si tienes problemas de liquidez, puedes empezar por el Paso 6 y abrir las cinco cuentas corrientes que te permitirán ver mejor cómo fluye tu dinero. Después, podrías implementar el Paso 3 para cerrar algunas ventas importantes y conseguir que el dinero circule por esas cuentas. Una vez que el negocio se estabilice, puedes ir al principio, implementar el Paso 1 y trabajar a partir de ahí. Si te sirve de ayuda, hemos creado una evaluación en MyBusinessReport. com que te permitirá analizar las seis partes de tu negocio y obtener un informe detallando dónde tu negocio necesita más atención.

Tres formas de implementar el Plan de Vuelo para Pequeñas Empresas

Hay tres maneras de poner en práctica el Plan de Vuelo para Pequeñas Empresas. La primera es utilizar este libro y hacerlo tú mismo. Aquí encuentras todo lo que necesitas para ponerte manos a la obra. Si tienes el audiolibro, escúchalo mientras vas al trabajo o mientras haces ejercicio en las mañanas. Si imprimiste tu Plan de Vuelo para Pequeñas Empresas, revísalo a medida que aprendes para que el proceso en sí resulte cada vez más sencillo de ejecutar.

Si aprendes mejor con vídeos, cada uno de los pasos tiene su correspondiente curso a la carta en BusinessMadeSimple.com. La cuota de suscripción a la plataforma es ridículamente baja y te guiará a lo largo de todo el proceso. La plataforma también incluye un Plan de Vuelo digital que te permite archivar todas las hojas de trabajo anteriores. Puedes dirigir tu pequeña empresa desde una única fuente en línea.

También podrías contratar a un coach para que te guíe a través del proceso. Hemos certificado a los coaches de todo el mundo para ayudar a los propietarios de pequeñas empresas a transformarlas. Muchos de nuestros coaches organizan pequeños grupos para que puedas poner en práctica tu Plan de Vuelo con amigos. De hecho, yo mismo asisto mensualmente a un pequeño grupo porque he obtenido mucho valor al compartir experiencias, ánimo y consejos con otros emprendedores. Puedes encontrar una lista de nuestros entrenadores capacitados y certificados por Business Made Simple en HireACoach.com.

Hacer crecer una pequeña empresa puede ser divertido y gratificante

He conocido a más de un propietario de una pequeña empresa que, sinceramente, estaría mucho mejor trabajando para otra persona. La ansiedad que pueden provocar las fluctuantes mareas de frenazo y progreso puede ser agotadora, por no hablar de la inseguridad financiera que suele acompañar al viaje. Mi esperanza es que el Plan de Vuelo para Pequeñas Empresas haga algo más que ayudarte a construir tu pequeña empresa: espero que te convierta en una mejor madre o padre, un mejor marido, una mejor esposa y un mejor amigo o amiga. La seguridad financiera no hace a nadie más pleno, pero si sabes cómo manejar el éxito, puede ayudarte a estar más presente. Mi esposa y yo no discutimos sobre finanzas muy a menudo porque empleamos el *Manual para simplificar el Flujo de Caja de Pequeñas Empresas*. No discutimos hacia dónde va el negocio porque hemos creado nuestros Principios Rectores. No nos preocupamos por el despilfarro porque utilizamos el *Manual de gestión y productividad simplificadas*. No me preocupo por la falta de liquidez porque sé que puedo cerrar ventas invitando a los clientes a participar en una historia. No me preocupa gastar dinero en marketing porque nuestro mensaje ha quedado claro.

Me encanta mi pequeña empresa. Me encanta tener un equipo increíble que se entusiasma con lo que hace. Me encanta poder hacer mi parte creando contenidos y perfeccionando nuestros marcos. Me encanta que Betsy y yo estemos empezando a construir un legado financiero que nuestra hija disfrutará algún día. Por supuesto, todos soñamos con tener una pequeña empresa que nos libere. Lo que nunca esperé, sin embargo, fue divertirme tanto mientras llegaba ahí. Aunque mi negocio va bien, echo de menos los días aventureros en los que intentaba descubrir todo lo que dice este libro. Sé que puede ser abrumador, pero no olvides que es divertido. Estar parado en la cima de una montaña es genial, pero es en el trayecto a la cima donde se crean todos los recuerdos.

Como líderes de pequeñas empresas, tú y yo somos los principales empleadores de los Estados Unidos. Trabajan más personas en las pequeñas empresas que en las diez mayores corporaciones estadounidenses juntas. Eso significa que, si tú y yo profesionalizamos nuestras operaciones, los equipos que trabajan con nosotros tendrán más seguridad, mejores prestaciones, más claridad sobre la importancia de su trabajo y, si triunfamos, un salario más alto. Digo todo esto para subrayar que el trabajo que estás haciendo para construir tu empresa es importante. La calidad de vida de las personas, incluida la tuya, mejora a medida que hacemos el trabajo.

Brindo por el éxito de tu pequeña empresa. Si hay algo más que pueda hacer para ayudarte, házmelo saber. Hasta entonces, que tengas un buen vuelo.

Los propietarios de pequeñas empresas en todo el mundo están aceptando el reto de duplicar los ingresos de sus pequeñas empresas al crear sus Planes de Vuelo juntos en nuestra comunidad. Nos encantaría que te unieras a ella en SmallBusinessFlightSchool.com.

PLAN DE VUELO

para Pequeñas Empresas

El plan de 6 pasos para
hacer crecer tu negocio

SmallBusinessFlightPlan.com

01

Liderazgo

La cabina

*Transfórmate a ti mismo y a tu equipo
en una empresa con una misión*

Lo más importante que puede hacer un líder es
proporcionar una visión unificadora a las personas
que dirige. El Esquema de Misión Empresarial te
ayudará a crear y comunicar una visión que garantice
el crecimiento de tu pequeña empresa.

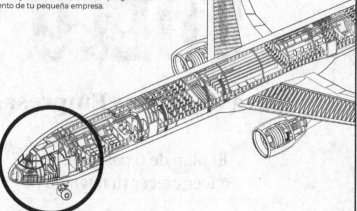

Hoja de Trabajo de Principios Rectores de la Empresa con una Misión

DECLARACIÓN DE MISIÓN

CUALIDADES CLAVE

①   ②   ③

ACCIONES CRUCIALES

①   ②   ③

Business Made Simple

SmallBusinessFlightPlan.com

02

Marketing

Motor derecho

*Clarifica tu mensaje para que
los clientes se comprometan*

Más de 700 000 propietarios de
pequeñas empresas han hecho
más claro su mensaje utilizando
el Esquema de Marketing de
StoryBrand. Mientras más claro
sea tu mensaje, más clientes
harán pedidos.

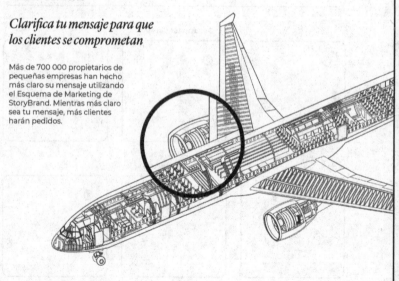

SmallBusinessFlightPlan.com

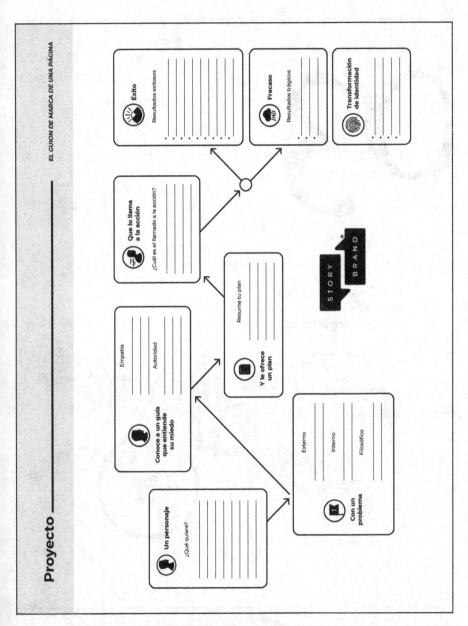

03

Ventas
Motor izquierdo

Deja de vender, convierte al cliente en el héroe e invítalo a participar en una historia

A muy poca gente le gusta vender. Pero si tienes o diriges una pequeña empresa, tienes que hacerlo. El Esquema de Ventas «El Cliente es el Héroe» te ayuda a dejar de vender para invitar a los clientes a sumarse a una historia. Este es el esquema de ventas para las personas que odian vender. Y funciona.

Guion de Ventas «El Cliente es el Héroe»

Business Made Simple

① Comienza con un problema (● círculo o color rojo)

② Posiciona tu producto como la solución (■ cuadrado o color púrpura)

③ Dale al cliente un plan paso a paso (▲ triángulo o color marrón)

④ Plantea lo que está en juego [negativo] (♦ rombo o color amarillo)

Plantea lo que está en juego [positivo] (♥ corazón o color azul)

⑤ Llama al cliente a la acción (★ estrella o color verde)

Usa esta fórmula para crear textos de venta para:
- Conversaciones de venta
- Cartas de venta
- Propuestas
- Presentaciones

04

Productos

Alas

Optimiza tu oferta de productos para obtener ingresos y ganancias

La mejor manera de aumentar tu margen de ganancias es vender más productos que generen más ganancias. Pocos empresarios saben realmente de dónde vienen sus ganancias. Después de optimizar tu oferta de productos, sabrás exactamente cómo sacarle mayor provecho.

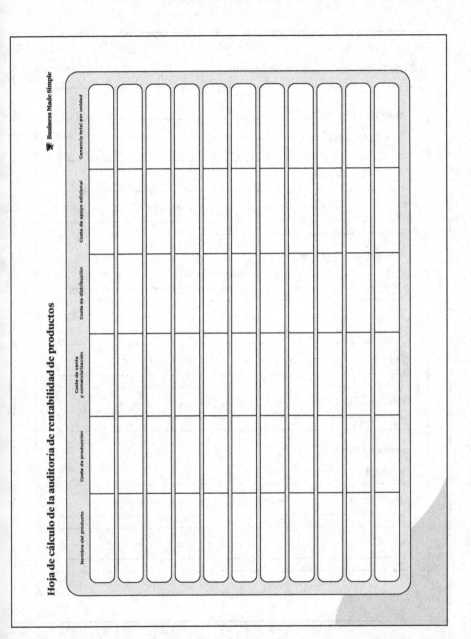

Hoja de cálculo de la auditoría de rentabilidad de productos

🐦 Business Made Simple

Nombre del producto	Coste de producción	Coste de venta y comercialización	Coste de distribución	Coste de apoyo adicional	Ganancia total por unidad

Hoja de Trabajo de Informe de Producto

🏆 Business Made Simple

Líder del proyecto _____

NOMBRE DEL PRODUCTO

1. ¿Cuál es el nombre del producto? _____

2. ¿Describe bien al producto y sugiere el valor?
_____

3. ¿El nombre resultará confuso o creará problemas en el mercado?
_____
_____

DESCRIPCIÓN DEL PRODUCTO

1. ¿Qué problema les soluciona el producto a nuestros clientes?
_____
_____

2. ¿Cómo les soluciona el problema a los clientes?
_____
_____

3. Describe los beneficios que experimentará el cliente si usa el producto:
_____
_____

4. Describe las características del producto y cómo va a ayudar a los clientes:
_____
_____

MENSAJE CENTRAL

1. ¿A quién le estamos vendiendo esto?
_____

2. ¿Tenemos acceso al mercado objetivo para este producto y, si es así, cómo?
_____
_____

3. ¿Cómo vamos a definir el problema del cliente para el marketing colateral?
_____
_____

4. ¿Cuál es nuestro *one-liner*?

_____

INVESTIGACIÓN DE MARKETING DE ALTO NIVEL

1. ¿Existe evidencia de la demanda de este producto en el mercado?

_____

_____

2. ¿Les hemos enviado una encuesta a nuestros clientes para asegurarnos de que ellos desean este producto? ¿Cuáles fueron las preguntas en la encuesta y cuáles fueron los resultados?

_____

_____

3. Si ofrecemos este producto, ¿contra quién estaremos compitiendo?

_____

  a. ¿Nuestro precio es mayor o menor que el de la competencia?

_____

  b. ¿Cómo estamos posicionados en relación con la competencia? (¿Qué vuelve mejor a nuestro producto?)

_____

INFORMACIÓN FINANCIERA

1. ¿Cuál es el precio del producto y cómo lo decidimos?

_____

2. ¿Será rentable?

_____

3. ¿Cuánto nos costará producirlo? ¿Cuánto nos costará mantenerlo? (¿Necesitamos contratar personal extra, soporte técnico, etc.?).

_____

_____

4. ¿Quién será responsable de los ingresos relacionados con este producto?

_____

PROYECCIONES DE VENTA (BASADAS EN LA CLIENTELA ACTUAL)

1. ¿Cuáles son los objetivos de venta para los 30-60-90 días?
_____ _____ _____

2. ¿Cuál es la previsión de ingresos para el primer año en relación con este producto?
_____

3. ¿Cuál es el objetivo de unidades vendidas en el primer año?
_____

VALIDACIÓN DEL PRODUCTO

1. ¿Causará este producto algún problema con los productos existentes?
_____
_____

2. ¿Le molestará este producto a algún cliente actual o futuro? ¿Por qué?
_____
_____

FECHAS CLAVES

1. ¿Cuándo se lanzará este producto?
_____

2. ¿Cuándo se creará la página de destino de este producto?
_____

3. ¿Cuándo se hará el anuncio previo al lanzamiento a los clientes actuales?
_____

PLAN DE VENTAS Y MARKETING

1. ¿Cuándo comprobaremos los componentes clave de ventas y marketing de este producto?
    a. *One-liner*: _____
    b. Página de destino: _____
    c. Generador de clientes potenciales: _____
    d. *Nurture* o correos electrónicos de ventas: _____
    e. Colateral social: _____

05

Gastos generales y operaciones

El fuselaje

*Racionaliza tus gastos generales
y operaciones con gestión y
productividad simplificadas*

El coste número uno para la mayoría
de las empresas es la mano de obra.
Pero las nóminas no deberían ser una
carga. Cuando organizas a tu equipo
en torno a tres prioridades económicas
y todos comienzan a trabajar juntos
para conseguir esos objetivos, tu
mano de obra permanece reducida
porque es muy productiva. Si tienes
problemas para crear un flujo de
trabajo predecible y fiable que levante
tu empresa en lugar de sobrecargarla,
*el Manual de gestión y productividad
simplificadas* te será útil.

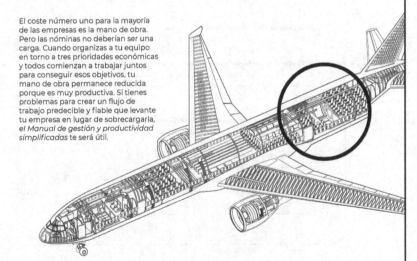

Reunión General de Personal FECHA

PRIORIDADES DE LA EMPRESA
POR _____

①   ②   ③

ACTUALIZACIONES DE LOS DEPARTAMENTOS

① _____

¿Qué ha hecho o qué va a hacer nuestro departamento para avanzar hacia los objetivos de la empresa?

¿Cómo añadimos valor a nuestros clientes la semana pasada?

¿Cómo estamos aportando valor a nuestros clientes esta semana?

② _____

¿Qué ha hecho o qué va a hacer nuestro departamento para avanzar hacia los objetivos de la empresa?

¿Cómo añadimos valor a nuestros clientes la semana pasada?

¿Cómo estamos aportando valor a nuestros clientes esta semana?

③ _____

¿Qué ha hecho o qué va a hacer nuestro departamento para avanzar hacia los objetivos de la empresa?

¿Cómo añadimos valor a nuestros clientes la semana pasada?

¿Cómo estamos aportando valor a nuestros clientes esta semana?

Reunión Directiva   LÍDER DE ESTA REUNIÓN

① _____

¿Qué grandes iniciativas se están llevando a cabo esta semana?

¿Hay algo que obstaculice estas iniciativas?

¿Quién es responsable de completar cada tarea?

② _____

¿Qué grandes iniciativas se están llevando a cabo esta semana?

¿Hay algo que obstaculice estas iniciativas?

¿Quién es responsable de completar cada tarea?

③ _____

¿Qué grandes iniciativas se están llevando a cabo esta semana?

¿Hay algo que obstaculice estas iniciativas?

¿Quién es responsable de completar cada tarea?

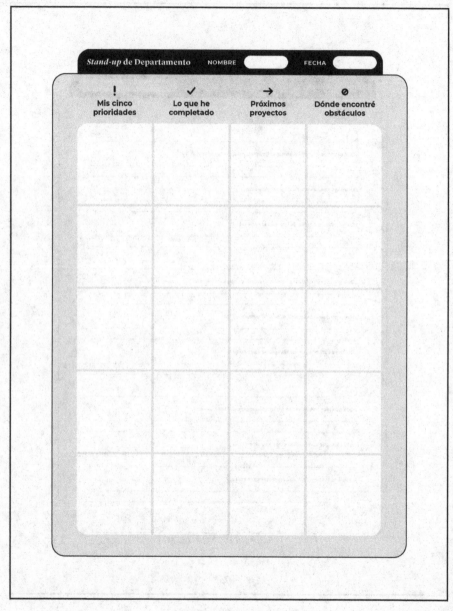

Revisión Rápida de las Prioridades Individuales   FECHA

PRIORIDADES DE LA EMPRESA
POR _____

①

②

③

PRIORIDADES DE MI DEPARTAMENTO
Limitadas en el tiempo · Medibles · Específicas

1. _____
2. _____
3. _____
4. _____
5. _____

MIS PRIORIDADES PERSONALES
Limitadas en el tiempo · Medibles · Específicas

1. _____
2. _____
3. _____
4. _____
5. _____

MIS PRIORIDADES DE DESARROLLO

1. _____
2. _____
3. _____

Evaluación Trimestral del Desempeño   NOMBRE

PRIORIDADES PERSONALES	SUPERADAS	CUMPLIDAS	NO CUMPLIDAS
#1: Comentarios	☐	☐	☐
#2: Comentarios	☐	☐	☐
#3: Comentarios	☐	☐	☐
#4: Comentarios	☐	☐	☐
#5: Comentarios	☐	☐	☐

¿Llegó preparado a las Revisiones Rápidas de Prioridades Individuales?	☐	☐

PRÓXIMAS OPORTUNIDADES

06

Flujo de caja
Los depósitos de combustible

Gestiona tu pequeña empresa empleando estas cinco cuentas corrientes

Todos revisamos nuestras cuentas de resultados, pero ¿te ayudan realmente a tomar decisiones? ¿Te permiten saber de cuánto dinero dispones, de cuánto dinero dispone la empresa, cuánto dinero has separado para impuestos, cuántas ganancias está obteniendo realmente la empresa, y si tienes o no suficiente efectivo si se presenta una gran oportunidad de inversión? Si no es así, gestiona tu empresa con cinco cuentas corrientes y tendrás claridad (y seguridad) para seguir adelante. Las finanzas de la pequeña empresa no tienen por qué ser complicadas.

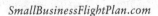

SmallBusinessFlightPlan.com

Manual de flujo de caja para pequeñas empresas

de Business Made Simple

Sin efectivo, un negocio se viene abajo. Y aunque muchos propietarios de pequeñas empresas saben cómo ganar dinero, no siempre saben cómo administrarlo. Para asegurarte de que tu negocio vuele lejos y rápido, implementa el Manual para simpli icar el Flujo de Caja de Pequeñas Empresas. Cuando lo hagas...

- Nunca te quedarás accidentalmente sin dinero. Sabrás con suficiente antelación si tus ganancias globales se están reduciendo.
- Siempre tendrás dinero para pagar los impuestos, incluso las facturas de impuestos inesperadas.
- Siempre tendrás dinero para pagar las nóminas.
- Sabrás cuánto dinero puedes sacar realmente del negocio.
- Dispondrás de efectivo para invertir en el negocio, lo que te permitirá crecer.

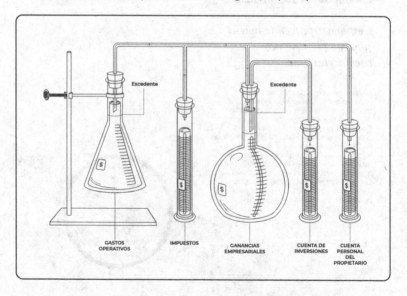

*Encuentra las instrucciones para tu Plan de Vuelo para Pequeñas Empresas en el libro *Cómo hacer crecer tu negocio*, o a través de la plataforma en línea **BusinessMadeSimple.com**.

Cuenta operativa

Esta es la cuenta desde la que entra y sale todo el dinero. Todos los ingresos entrarán en esta cuenta y todas las facturas, incluido el salario del propietario, saldrán de ella.

Cuenta personal

Es la cuenta personal del propietario. Este sacará un sueldo fijo de la cuenta operativa una o dos veces al mes y lo ingresará en su cuenta personal. El propietario no saca dinero de la cuenta operativa para uso personal.

Cuenta de ganancias empresariales

Cuando la cuenta operativa supera una cantidad predeterminada, el propietario retira el dinero excedente para ingresarlo en la cuenta de ahorro empresarial. Con el tiempo, la cuenta de ganancias aumentará hasta cinco o seis veces los gastos generales mensuales. La cuenta de ganancias se convierte en la red de seguridad de la organización.

Cuenta fiscal

Siempre que ingreses dinero en tu cuenta de ahorro empresarial, querrás ingresar la misma cantidad de dinero en tu cuenta fiscal. Básicamente, dividirás el exceso de dinero (ganancia real) que obtiene tu empresa entre tu cuenta de ahorros y tu cuenta iscal. Poner el 50 % de tus ganancias en tu cuenta iscal te asegura que siempre tendrás dinero para pagar impuestos. De hecho, como estás poniendo el 50 % y las tasas fiscales son más bajas, estarás ahorrando dinero de más para los impuestos y podrás obtener una sólida rentabilidad a inal de año.

Cuenta de inversiones

Tu cuenta de ganancias empresariales también tiene un umbral máximo preestablecido que es cinco o seis veces tus gastos generales mensuales. Cuando la cuenta de ganancias supere ese umbral, retira el dinero que sobre y ponlo en tu cuenta de inversiones. Este dinero es tuyo y puedes hacer con él lo que quieras. Recomendamos realizar inversiones que generen aún más dinero y ayuden a diversificar tus ingresos. Por ejemplo, podrías utilizar este dinero para financiar tu cuenta de retiro, comprar propiedades u otros activos, o invertir en la bolsa.

Agradecimientos

Agradezco a Bill Haslam por su increíble apoyo y amabilidad, y por mostrarme que necesitaba profesionalizar mi operación. Y gracias a Doug Keim por ayudarme a hacerlo realidad. También quiero agradecer a mi equipo: Kyle Willis, Kyle Reid, Dr. JJ Peterson, Matt Harris, Tyler Ginn, Jake Ousley, Marlee Joseph, Andy Harrison, Karri Ellen Johnson, Aaron Alfrey, Bobby Richards, Lindsay Frail, Sam Buchholz, Steven Parker, Kari Kurz, Amy Smith, Macy Robison, Hilary Smith, Kelley Kirker, Prentice Sims, Tyler Bridges, Rosie Hunt, Hannah Hitchcox, Suzanne Kelly, James Sweeting, Collin Smith, Zach Grusznski, Josh Landrum, Patrick Copeland, Suzanne Norman, Aundrea De Leon, Tim Schurrer y Sydney Weidlich. Un agradecimiento especial a Emily Pastina, que gestiona todos nuestros proyectos y me dice cada mañana en qué debo trabajar ese día. Me da libertad para ser creativo y se lo agradezco. Gracias también a los cientos de Coaches Certificados en Business Made Simple y a los Guías Certificados en StoryBrand que colaboran con nosotros para ayudar a los propietarios de pequeñas empresas a hacerlas crecer. Gracias también a nuestros facilitadores que van por todo el país ofreciendo talleres sobre nuestros esquemas de ventas y marketing.

Un agradecimiento especial a Carey Murdock, que me mantuvo increíblemente organizado durante el año que me llevó escribir este libro.

También estoy agradecido por la larga relación de amistad y negocios que he mantenido con mi agente y mi editor. Wes Yoder es el mejor agente literario del mundo y me ha ayudado a soñar con este libro desde el primer día. Sara Kendrick no es solo una gran editora: es una persona divertida y, de alguna manera, es capaz de presentarme sus críticas sin dejar de hacerme reír. Jamie Lockard dirige un barco estable con el que los autores podemos contar, y Belinda Bass lleva más de veinte años haciéndome cubiertas fantásticas. Asimismo, quiero dar las gracias a Linda Alila por su apoyo editorial y a Andrew McFadyen-Ketchum por la corrección de estilo.

También quiero agradecer a mi esposa, que, mañana tras mañana, me da un beso y me envía a la oficina a afrontar un trabajo que ella también considera importante porque se preocupa por ti, el pequeño empresario. Tenemos muchos amigos en la lucha y ella quiere verlos ganar. Te amo, Betsy.

Por último, gracias a ti. Gracias por creer en ti mismo, en tu producto, en tu gente y en tus clientes. Seguiré adelante mientras tú sigas adelante. Sé que es difícil, pero creo en ti.